L'éditeur tient à remercier très cordialement Kate Guyonvarch
de Roy Export pour sa confiance et son soutien.

La traductrice tient à remercier très chaleureusement Blandine Longre
pour sa lecture minutieuse, ses conseils précieux et avisés.

Titre original : *A Comedian Sees the World*

ISBN : 978-2-916136-75-2
Dépôt légal : septembre 2014

Conception graphique de la couverture : Sandrine Duvillier
Image de couverture : photo de Witzel,
archives de Roy Export Company Establishment
Conception graphique de l'intérieur : Anne Brézès
Relecture typographique : Monique Thierry

Les Éditions du Sonneur
5, rue Saint-Romain, 75006 Paris
www.editionsdusonneur.com

CHARLIE CHAPLIN

mon tour du monde

Traduit de l'anglais par Moea Durieux

LES ÉDITIONS DU SONNEUR

AVERTISSEMENT DE L'ÉDITEUR

Janvier 1931 : Les Lumières de la ville, *nouveau film muet de Charlie Chaplin (1889-1977), sort aux États-Unis et remporte un franc succès, malgré l'engouement populaire pour le tout récent cinéma parlant. Au faîte de sa gloire, le réalisateur est néanmoins tenaillé par la peur de devenir un cinéaste démodé; il est par ailleurs harassé de problèmes personnels – longue procédure de divorce avec sa deuxième femme, Lita Grey, tourments avec le fisc américain. Il décide donc de quitter un temps son pays d'adoption pour rejoindre son Angleterre natale.*

Prévu pour durer quelques semaines, ce voyage tient Chaplin éloigné des États-Unis pendant seize mois, du 13 février 1931 au 16 juin 1932. Angleterre, Allemagne, Autriche, Italie, France, Algérie, Espagne, Suisse, Sri Lanka, Singapour, Indonésie, Japon… Chaplin effectue un tour du monde au gré des événements et des rencontres.

À son retour à Hollywood, il rédige, entre juin 1932 et février 1933, le récit de ce long voyage. Mon tour du monde *paraît dans le magazine américain* The Woman's Home Companion *en cinq épisodes, entre septembre 1933 et janvier 1934, sous le titre original* A Comedian Sees the World. *C'est ce texte – jusqu'à présent inédit en français – que nous vous proposons de découvrir ici.*

PREMIÈRE PARTIE

AU COURS DES VINGT DERNIÈRES ANNÉES, j'ai fait sept fois l'aller-retour entre Los Angeles et New York, ainsi qu'un voyage inoubliable en Europe. Le travail était l'unique raison de ces déplacements, lors desquels une épée de Damoclès planait constamment au-dessus de ma tête.

Étant donné que j'étais installé à Los Angeles depuis vingt ans, il n'y avait rien d'étonnant à ce que les périodes d'inactivité aient fait de moi une victime toute désignée aux incartades sentimentales. D'où tous mes problèmes.

Les désillusions de l'amour, de la gloire et de la fortune m'ont en quelque sorte abattu. Rien ne semble pouvoir me distraire de mon travail, ce qui, au bout de vingt ans, commence à me contrarier. J'ai besoin que soient ranimées mes émotions.

L'amour et les gens me lassent et, comme tous les égocentriques, je me replie sur moi-même. Je veux revivre ma jeunesse, saisir à nouveau les atmosphères et les sensations de l'enfance, si lointaines, si irréelles désormais – presque un rêve. J'ai besoin de remonter le temps, de m'aventurer dans le passé flou et de lui rendre sa netteté.

Excité à cette perspective, j'achète des plans de Londres et, depuis ma maison californienne, je trace des itinéraires connus qui font resurgir les souvenirs des lieux marquants de mon enfance : les hauts murs des usines qui me déprimaient, les maisons qui m'effrayaient, les ponts qui m'attristaient. Je veux saisir de nouveau un peu de la douleur et de la joie de cette époque. Je veux retrouver l'orphelinat où j'ai vécu deux longues années dès l'âge de cinq ans – oh, ces jours froids et lugubres passés dans la cour de récréation ! Je veux revoir le gymnase à moitié chauffé où nous trouvions refuge les jours de pluie, la goutte au nez, ainsi que le grand réfectoire, ses longues tables et ses longs bancs. Je veux sentir une fois encore l'odeur de la sciure et du beurre quand nous entrions dans la cuisine.

Des lieux incarnent ces souvenirs et je souhaite y retourner avant qu'il ne soit trop tard. Quelque chose a pu se passer, l'école a peut-être été démolie. Je ne supporterai pas d'être aussi déçu que lors de mon premier retour en Angleterre. Pas à cause de la façon dont j'ai été accueilli – bien au contraire, tout le monde a été des plus aimables à mon égard –, mais pour une autre raison, que je vais vous expliquer.

Auparavant, il faut évoquer un jeune homme de dix-neuf ans, affamé sur le plan spirituel, qui tentait de gagner sa vie comme artiste de music-hall, ainsi que nous nous désignions nous-mêmes. À l'époque, j'étais bien seul. Je ne connaissais pas grand monde et aspirais à plus que ce que pouvait m'apporter mon milieu. Jusqu'à une certaine soirée du mois d'août, je coulais donc des jours mélancoliques, dépourvus de charme et de beauté.

Nous jouions alors dans un théâtre de banlieue et j'attendais mon tour dans les coulisses. Un groupe de jeunes femmes dansait sur scène lorsque l'une d'elles glissa, ce qui fit sourire les autres, et en particulier une brune aux grands yeux noisette et rieurs. Elle se tourna vers les coulisses et nos regards se croisèrent. Jamais je n'avais vu une femme si belle. Je tombai immédiatement sous son charme. Elle prit sans doute conscience de mon émerveillement car son sourire se teinta d'embarras.

Quand elle revint se changer, elle me demanda de bien vouloir prendre soin de son châle. Il sentait la lavande, parfum que j'ai toujours aimé depuis. À la fin de leur numéro, elle vint le récupérer :

– Merci, me dit-elle alors que nous nous faisions face en souriant.

Mais nous fûmes interrompus par le directeur de la troupe :

– Allez, les filles, nous sommes en retard, leur dit-il car elles devaient se produire dans un autre théâtre.

Elle se retourna pour récupérer ses affaires.

–Laissez-moi vous aider, m'exclamai-je en saisissant sa boîte à maquillage et en lui ouvrant la porte.

–À demain soir, me répondit-elle avec empressement.

Je ne fus capable que d'un signe de tête muet. Alors qu'elle passait le seuil, elle me lança un regard pardessus son épaule et murmura :

–N'oubliez pas.

–Je n'oublierai pas.

Cela commença donc ainsi.

Nous nous retrouvions chaque soir pendant quelques instants. Toute la journée, nous étions en effet pris par nos répétitions ; nous finîmes par nous donner rendez-vous à Kennington Gate un dimanche après-midi à quatre heures.

Je m'étais fait le plus élégant possible : un manteau cintré à double boutonnière, un chapeau melon, une canne, des gants. Au fond d'une poche, je faisais nerveusement tinter mes trente shillings.

C'était un dimanche ordinaire. Des billets de tramway jonchaient les rues désertes et une feuille de journal voletait sur la chaussée. Il était quatre heures moins quatre. Je me demandais à quoi elle ressemblait sans son maquillage de théâtre : sans pouvoir me l'expliquer, je ne parvenais pas à me souvenir de son visage et plus j'essayais, plus mes impressions devenaient floues.

Peut-être n'était-elle pas aussi belle à la ville qu'à la scène ?

Je finis par apercevoir une femme que je crus reconnaître. Mon cœur défaillit quand elle se dirigea vers moi. Plus une once de la beauté que j'avais en mémoire ! J'étais consterné. Cependant, je me ressaisis. Il fallait que je feigne l'enthousiasme : il aurait été cruel de montrer ma déception.

Elle était presque arrivée à mon niveau, regardant droit dans ma direction. Je m'apprêtai à lui sourire quand elle tourna la tête et poursuivit son chemin. Ce n'était pas elle ! Dieu merci, ce n'était pas elle ! Je poussai un soupir de soulagement, le suspense était intense.

Quatre heures moins une à présent. Un tramway ralentit et déversa ses passagers. Une jeune fille mince et radieusement belle en descendit, habillée avec soin de serge bleue. Elle s'approcha de moi. Je la reconnus aussitôt, c'était Hetty, plus jolie encore que dans mes rêves. Quel jour magnifique !

Ce soir-là, après l'avoir raccompagnée chez elle, je déambulai le long des quais de la Tamise. L'émotion m'étreignait, il fallait que j'exprime ma joie, que je la manifeste. Il me restait dix-neuf shillings en poche. Je réunis alors une foule de clochards dans le café le plus proche et commandai du thé et des sandwichs, dépensant jusqu'à mon dernier sou. Telle fut la réaction du jeune homme amoureux que j'étais.

Ce qui advint ensuite était inévitable. Pour elle, notre relation n'était qu'une tocade puérile ; pour moi, c'était le début d'une évolution spirituelle, d'une quête de la beauté. Je l'agaçais sans doute avec mes attentions répétées : elle se lassa rapidement et nous nous séparâmes. Je découvris alors la douleur juvénile de l'amour non partagé. Puis, quelque temps après, Hetty partit pour le Continent avec sa troupe et je la perdis de vue pendant deux ans.

Nous nous revîmes dans des conditions étranges. Je traversais un jour Piccadilly, lorsqu'un crissement de pneus attira mon attention : une limousine noire venait de freiner brusquement à ma hauteur. Une petite main gantée apparut alors à la vitre. « Il doit y avoir erreur », pensai-je, quand une voix appela distinctement : « Charlie ! »

Je m'approchai de la voiture : la portière s'ouvrit sur Hetty, qui me fit signe de monter. Elle avait quitté sa troupe et vivait désormais sur le Continent avec sa sœur – laquelle avait épousé un milliardaire américain, m'apprit-elle alors que nous avions démarré.

– Et toi, que deviens-tu ? me demanda-t-elle avec un regard bienveillant.

– Je n'ai pas grand-chose à raconter, répondis-je. Toujours la même routine, à essayer de faire rire. Je crois que je vais aller tenter ma chance en Amérique.

– Nous nous reverrons là-bas, alors.

– Parfait, je vais demander à ma secrétaire de s'occuper de cela, répondis-je dans un éclat de rire ironique.

– Mais je suis sérieuse, insista-t-elle. Tu sais, j'ai souvent pensé à toi depuis tout ce temps.

D'un coup, je fus de nouveau projeté au paradis, tout en étant conscient cependant qu'Hetty était encore plus inaccessible qu'auparavant.

Ce soir-là, nous rendîmes visite à son frère et à sa mère. Hetty partait pour Paris le lendemain. Nous nous fîmes nos adieux, elle promit de m'écrire – je ne reçus qu'une seule lettre d'elle. Quelque temps après, je m'embarquai pour l'Amérique. Puis un jour, j'appris par la presse que sa sœur et elle venaient d'y arriver. L'idée de la rencontrer m'embarrassait à présent : elle était riche, et cela exacerbait mon complexe d'infériorité. Pourtant, dans l'espoir de la croiser, je passai souvent devant la maison du milliardaire sur la Cinquième Avenue, mais cela ne donna rien. Je finis même par abandonner l'idée de la revoir un jour.

Puis débuta mon aventure cinématographique, ma soudaine ascension vers la gloire. Au point d'être appelé à New York pour y signer d'importants contrats. C'était là l'occasion de reprendre contact avec Hetty. Mais, pour une raison que j'ignore, je ne pus m'y résoudre. Par timidité, je me sentais incapable d'aller frapper à sa porte ou de lui envoyer une lettre. Je restai toutefois à New York, avec l'espoir de tomber sur elle par hasard.

Un journal new-yorkais titra un jour : « Chaplin a disparu : il est introuvable. » Et pourtant, si les journalistes avaient prêté attention au taxi stationné devant une certaine maison de la Cinquième Avenue, ils m'auraient retrouvé sans problème !

Je finis par croiser son frère de manière fortuite et l'invitai à dîner. Mais comme il avait toujours su que j'étais amoureux de sa sœur, il était réticent à m'en parler. Durant le repas, nous ne discutâmes donc que de mes affaires.

Au bout d'un moment, cependant, je lançai :

– Au fait, comment va ta sœur ?

– Plutôt bien. Tu sais, bien sûr, qu'elle est mariée et qu'elle vit en Angleterre ?

Je décidai sur-le-champ de quitter New York et toutes ces sottises pour me remettre au travail.

Pendant l'année qui suivit, je consultai de temps à autre mon courrier dans l'espoir d'y trouver une enveloppe où apparaîtrait le E si caractéristique de l'écriture de Hetty.

Cela se présenta enfin : j'ouvris alors immédiatement la lettre, signée « Madame… » suivi d'un Hetty entre parenthèses. Elle commençait ainsi : « Te souviens-tu de moi après toutes ces années ? J'ai souvent pensé à toi, sans avoir le courage de t'écrire. »

Quelle ironie ! Elle n'avait jamais eu le courage de m'écrire ! Et la missive, étrange et distante, se terminait ainsi : « Si jamais tu passes à Londres, fais-moi signe. » Je devais justement m'y rendre ; quel bonheur ce serait alors de la revoir ! Non seulement j'étais débarrassé du sentiment d'infériorité qui avait hanté ma jeunesse, mais j'étais devenu trop philosophe pour être déçu, quoiqu'il puisse arriver. Ce serait donc une aventure intellectuelle.

Quelques semaines plus tard, j'achevai mon film et mes affaires furent enfin en ordre : je partis donc pour l'Angleterre[1].

Le bateau accosta à Southampton. Je fus reçu par le maire et l'accueil qu'on me réserva fut grandiose. Des centaines de télégrammes et de câbles, des invitations à des fêtes et à des banquets m'attendaient. L'excitation était à son comble.

Sonny, le frère de Hetty, se tenait sur le quai. Je pensai : « Peut-être est-elle avec lui. » Nous nous saluâmes chaleureusement. Mais elle n'était pas là ! Après avoir répondu aux questions de nombreux journalistes, nous prîmes le train pour Londres – devant la gare, la foule me rendit un hommage enthousiaste. Dans le wagon, assis à mes côtés, Sonny me fit part de l'effervescence qui régnait dans la capitale et de l'accueil qui m'y serait réservé. Je l'écoutai poliment mais mon

1. Charlie Chaplin rentra en Angleterre en 1921 pour la première fois depuis son exil américain. Lors de ce voyage de deux mois, il se rendit aussi à Paris et à Berlin *(toutes les notes sont de la traductrice)*.

esprit était occupé par tout autre chose : l'émotion que j'éprouverais à revoir Hetty. Que me dirait-elle ? Comment se comporterait-elle ? Moi, je comptais être tendre, simple, naturel. On peut se permettre d'être soi-même quand on a du succès.

Nous étions seuls dans le wagon, ce que je n'avais pas remarqué jusqu'alors. Sonny me paraissait bizarre et, comme d'habitude, il évitait de me parler de sa sœur. Notre conversation s'interrompit un moment ; je regardai les champs verts défiler par la fenêtre et osai enfin demander :

– Hetty sera-t-elle à Londres ?

– Hetty ? reprit-il avec calme. Je pensais que tu étais au courant : elle est morte il y a trois semaines.

J'étais prêt à tout, sauf à ça. J'eus le sentiment qu'on m'avait trompé et que mon voyage devenait soudain futile.

Jusque-là, un idéal vague, un espoir ténu – jamais franchement exprimés – avaient habité mon âme. Mon succès avait été pour moi comme un bouquet de fleurs à offrir, mais l'adresse de sa destinataire était désormais inconnue.

Je décide donc, pour ce deuxième retour en Angleterre, de ne pas me laisser abattre. Il est dangereux de trop dépendre des autres : ils évoluent et deviennent des étrangers, ou bien finissent par sortir de votre vie.

Londres, elle, ne changera jamais. Aucune modification – aussi ténue soit-elle – ne pourra jamais affecter ma perception de cette ville et ma plus belle récompense serait d'y retrouver des bribes de ma jeunesse.

Je suis très soulagé le jour où j'achève mon film, *Les Lumières de la ville*. Après deux années environ de tracas et de turbulences, son aboutissement est comme la fin d'un marathon.

Habituellement, après chaque film, je me mets au lit pendant un jour ou deux afin de me refaire une santé mentale. Mais, cette fois-ci, il me reste à accomplir une tâche majeure : la composition de la musique et sa synchronisation avec les images – une expérience redoutable qui met mes nerfs à rude épreuve !

Tout est enfin prêt pour la première, qui doit avoir lieu à Los Angeles.

Les premières sont des cauchemars lors desquels j'ai toujours le sentiment que mes films sont des erreurs et que je n'aurais jamais dû les tourner. Quant aux spectateurs qui attendent la projection, ils sont, eux, excités et enthousiastes. Ah, pouvoir m'approprier cette joie ! Car toujours j'éprouve la crainte sourde que le film puisse les décevoir. Mais il me faut subir le supplice de la planche et accepter ce que les dieux m'ont réservé… Quelle douce musique pour mes oreilles anxieuses quand le premier rire retentit !

Ce soir-là, le professeur Einstein et sa femme dînent chez moi. Nous rejoignons ensuite le cinéma et je prends place entre eux. Pendant la projection, je jette de temps en temps un œil au professeur. Quel homme simple! Dire qu'avec un cerveau comme le sien, il peut apprécier un film avec l'émerveillement d'un enfant!

Il rit et s'exclame:

–*Ach, das ist wunderbar! Das ist schön!*

J'en dirai davantage sur le professeur un peu plus loin.

Mes amis m'ayant convaincu que la soirée avait été un succès, je décide de partir pour New York dès le lendemain soir pour oublier l'épreuve de cette première à Los Angeles.

À mon arrivée, j'invite le célèbre caricaturiste et écrivain Ralph Barton[2] à m'accompagner en Europe. Il m'avoue qu'il est déprimé et qu'il a tenté de se suicider il y a peu. Pauvre Ralph! J'invoque alors son amour-propre et clame que je ne me laisserai jamais vaincre par la vie, avant d'ajouter:

–Rien n'est grave, sauf la douleur physique. Nos tragédies sont ce que nous en faisons.

2. Ralph Barton (1891-1931), écrivain et caricaturiste américain, extrêmement célèbre dans les années 1920, qui participa aux débuts du magazine *The New Yorker*. Il travailla aussi pour *Vanity Fair, Collier's, Harper's Baazar*... Soutenu par Charlie Chaplin, il réalisa un film, *Camille*, dans lequel jouèrent Somerset Maugham, Paul Morand, Sinclair Lewis, Sacha Guitry.

Sur le plan artistique, Ralph est exsangue. Cela le ronge et c'est sans doute l'une des raisons qui le poussera finalement à mettre fin à ses jours.

Aussi, je tente de lui remonter le moral :

– Tous les artistes traversent des périodes de creux, ces moments de mise en jachère, qui permettent de labourer le sol, de retourner nos expériences passées et de les arroser avec de nouvelles. En découle une moisson féconde, dis-je en riant. Ce dont tu as besoin, c'est d'aventure. Viens avec moi en Europe.

Il accepte mon invitation et nous embarquons à bord du *Mauretania,* en partance pour l'Angleterre.

Les voyages sont longs quand on est pressé, et je compte les heures. Je suis accompagné de cet ami, donc, ainsi que de mon secrétaire, Carl Robinson, et de Kono, mon homme à tout faire japonais que j'ai surnommé mon Vendredi. Il est tout pour moi – infirmier, valet, secrétaire privé, garde du corps.

Ralph se sent mieux. Je lui vante les charmes de l'Angleterre. Il a été conquis par ceux de la France trois ans auparavant et, pendant la période difficile que j'ai traversée lors de mon divorce, il a tenté de me faire quitter l'Amérique pour l'y rejoindre.

– L'Amérique n'est pas civilisée, disait-il. La vie des artistes y est trop livrée à la surveillance des puritains. Les choses sont différentes en France. Les Français sont plus intelligents dans ce domaine-là.

Pourtant, Ralph est revenu récemment de France : il s'y sentait trop en exil pour mener à bien son travail.

Il m'avoue n'avoir jamais aimé l'Angleterre et les Anglais :

– C'est un peuple étrange et froid, contraint par des traditions archaïques et des habitudes préhistoriques. Et puis, ils sont snobs.

Je proteste :

– Le snobisme est un défaut international. Les républiques fonctionnent toutes de la même façon. Prenons l'Amérique, par exemple, avec son organisation sociale et ses clubs privés, tous occupés à exclure. Tes loisirs et les sports que tu pratiques sont snobs. Si tu peux prétendre qu'on joue au polo dans ta famille depuis deux générations, ta position sociale sera alors inattaquable.

Et les longues journées en mer se déroulent ainsi, à discuter jusque tard dans la nuit le pour et le contre de tout et de rien.

Nous devons débarquer à Southampton, mais, apprenant que Sir Malcolm Campbell[3] pense faire de même, et estimant que les gens célèbres doivent se partager les honneurs, je lui abandonne Southampton : nous décidons de descendre à Plymouth.

3. Malcolm Campbell (1885-1948) était un pilote automobile britannique, célèbre dans les années 1920-1930 pour ses records de vitesse.

Nous arrivons à sept heures du matin, et pourtant quelques amis sont là pour nous accueillir. La presse aussi, à qui j'accorde des interviews; puis on nous installe dans un wagon en direction de Londres. Là encore, d'autres journalistes, dont certains me demandent des entretiens particuliers, que je refuse, de peur de ne plus avoir un moment à moi. Ils sont cependant pleins d'attention à mon endroit et me laissent même faire une sieste de quelques minutes. À mon réveil, je me rends compte que trois appareils me fixent – j'ai été photographié dans toutes les positions possibles, endormi comme éveillé.

La campagne anglaise semble paisible avec ses bâtisses de briques rouges et ses champs verts enclos de toutes parts. J'aperçois aussi des maisons modernes, semblables à nos petites demeures de plain-pied californiennes. L'Angleterre s'est beaucoup urbanisée depuis ma dernière visite. Ralph s'extasie sur la beauté de la campagne du Devonshire.

Londres enfin! Un attroupement énorme attend à la gare et je dois faire face à un assaut d'appareils photo rutilants. La police tente de contenir la foule déchaînée. Je savoure cet enthousiasme, cette frénésie. On est emportés par le flot, poussés de toutes parts. J'adore ça, c'est comme une étreinte affectueuse.

J'observe ces visages pleins de ferveur, aux yeux brillant d'excitation, des yeux qui expriment la chaleur de leurs sentiments. Nous sommes tous gagnés par les mêmes émotions. C'est leur façon de me souhaiter la bienvenue, c'est aussi la mienne.

Pourquoi donc Londres me serre-t-elle toujours le cœur ? Est-ce l'amour pour ce peuple auquel j'appartiens ? Car ces Cockneys sont mon peuple, je suis l'un des leurs. Sur leurs visages, j'aperçois cette faim de l'esprit, ce désir intérieur insatiable. Leurs émotions les ont rendus muets et ils ne s'expriment que par l'agrippement avide de ma manche. Si peu de choses doivent advenir dans leurs vies ! Comme ils sont reconnaissants du peu que j'ai fait !

Je me retourne vers Ralph. Des larmes coulent sur ses joues. Bonté divine ! S'il continue, je vais m'y mettre moi aussi. Mais je me reprends – ce serait sentimental de se laisser aller, et je me contente de sourire, effleurant un doigt au passage, serrant une main, tandis que nous sommes poussés sans ménagement dans une limousine.

Une acclamation vibrante s'élève quand nous démarrons pour l'hôtel Carlton :

– Dieu vous bénisse, Charlie !

Mes compagnons de voyage sont apparemment bouleversés. Quant à moi, mes émotions se contredisent : un sentiment intense de joie mêlé de pitié laisse la place à une sorte de vide qui m'étreint la poitrine. Je me cale au fond de l'auto et me répète que je suis à Londres, que dix ans se sont écoulés depuis ma dernière visite. Mais un flot bouillonne en moi, qui m'empêche de prendre pleinement conscience de ce qui m'arrive. Tout m'apparaît en deux dimensions, mes impressions restent en surface. À nouveau, je me cale dans mon siège, engourdi par l'excitation.

Une foule attend également devant l'hôtel, ce qui me touche là encore. L'affection de ces gens me fait mal, mais d'une magnifique douleur.

L'hôtel Carlton ! Combien de fois, enfant, ai-je scruté à travers ses portes vitrées, m'imaginant son faste, sans jamais envisager que j'y louerais un jour une suite ? Alors que j'en franchis le seuil, ces pensées surgissent tel un éclair dans mon esprit. Mais je fais, bien sûr, comme si tout cela allait de soi.

Un tas de lettres et d'invitations nous attendent dans une suite spacieuse.

Ce soir, nous dînons chez Sir Philip Sassoon[4], à Park Lane. La richesse est souvent un frein à l'initiative. Pas chez Sir Philip, l'un de ces jeunes hommes riches ayant su se tailler une carrière au sein du gouvernement. Je l'ai toujours admiré pour le rôle qu'il a joué dans les affaires publiques et pour les services qu'il a rendus à son pays.

4. Philip Sassoon (1888-1939) était un homme politique britannique. Collectionneur d'art avisé, il organisait de grandes réceptions dans ses diverses demeures, invitant les célébrités du monde entier.

Le lendemain matin, lever aux aurores et, avant le petit déjeuner, longue promenade vers le West End. Puis je prends un taxi pour Kennington, le quartier de mon enfance. La matinée est radieuse, pleine de promesses. Chaque endroit qui m'est familier provoque en moi un frisson. Cette chère vieille Londres, qui n'a pas changé ! Et voilà qu'à huit heures du matin, je suis submergé par l'émotion, versant des larmes à chaque coin de rue. Ce n'est pas de l'apitoiement mais la beauté d'une prise de conscience. Le passé semble se révéler à moi, souriant et amical. Les sentiments et les sensations me reviennent en mémoire tels des rêves étranges.

Dans Kennington Park, une femme est assise sur un banc tandis qu'un jeune enfant court, hésitant, sur la pelouse devant elle. Je me revois à l'âge de cinq ans, jouer comme ce petit ; une femme – ma mère – était alors assise sur ce même banc. Je me souviens que cette journée avait eu quelque chose de désespérant, sans avoir jamais compris pourquoi. Après m'être amusé à l'aire de jeux, j'avais décidé de rejoindre ma mère et de lui faire une surprise. Alors que je m'approchais d'elle par-derrière, sans faire de bruit, je compris qu'elle pleurait doucement. Bouleversé, je courus vers elle et fondis moi aussi en larmes. Il lui fallut plusieurs heures pour m'apaiser. Peu de temps après, nous nous installâmes dans un asile de pauvres. Depuis, les parcs m'ont toujours déprimé.

À mon départ de l'hôtel, Ralph dormait encore; à mon retour, il est en train de terminer son petit déjeuner : une délicieuse sole anglaise, des toasts et de la marmelade. Pour ma part, cela fait dix ans que je rêve de harengs frais. Je demande qu'on me les prépare panés et revenus au beurre. Après le petit déjeuner, le courrier est trié ; je mets de côté les lettres auxquelles il faut que je réponde personnellement, mais il y en a tant d'autres que je dois engager trois secrétaires supplémentaires pour qu'elles prennent la plume en mon nom !

Puis Ralph et moi gagnons la demeure de Lady Astor[5], chez qui nous sommes invités à déjeuner. Nous sommes introduits dans une salle spacieuse de style géorgien, décorée sommairement mais avec goût.

Lady Astor est une femme dynamique : lorsqu'elle entre dans une pièce, l'air se charge immédiatement d'électricité, et on devine chez elle une âme généreuse et chaleureuse. Nous sommes présentés aux nombreux invités. Je reconnais sur-le-champ le grand monsieur à barbe blanche posté à la gauche de la cheminée : Bernard Shaw. Je crois noter une légère timidité dans ses manières. Quand Lady Astor fait les présentations, je souris en lançant bêtement :

–Mais oui, bien sûr ! M. Bernard Shaw ! avant d'ajouter un petit « ha, ha » nerveux.

5. Lady Astor (1879-1964), femme politique britannique d'origine américaine, qui fut la première femme à siéger au Parlement.

Je suis si impressionné que les mots me manquent. Lady Astor nous laisse seuls. Tout le monde parle dans la pièce, sauf nous. J'arbore un large sourire stupide: si seulement je pouvais trouver quelque chose à dire! Nous nous trémoussons tous les deux, sans que rien ne brise cet épouvantable silence. Je m'apprête à faire une remarque sur le temps quand, Dieu merci, Lady Astor vient nous annoncer que le déjcuner est servi. Elle fait preuve de beaucoup d'esprit durant tout le repas. Douée du sens de l'imitation, elle caricature une écuyère des Gay Nineties[6], soulevant ainsi des tempêtes de rires.

Après le repas, les femmes se retirent, tandis que les hommes rapprochent leurs chaises pour discuter autour d'un café. La conversation, un peu compassée, ne parvient pas à démarrer. N'étant pas d'une grande aide, je décide de me détendre et d'écouter. M. Shaw lance le mouvement et nous raconte quelques anecdotes – ce qui prouve son savoir-vivre et sa délicatesse.

Je l'observe alors tout à loisir. La fraîcheur de son teint m'étonne. Ses yeux, d'un bleu éclatant et juvénile, deviennent doux et intenses quand il se met à parler. Je tente de l'imaginer sans sa barbe et devine un long

6. Les Gay Nineties (littéralement les « joyeuses années quatre-vingt-dix ») est une expression datant des années 1920, qui désigne avec nostalgie la décennie 1890, abusivement associée à une période de prospérité et de développement aux États-Unis.

menton, une lèvre inférieure charnue, une expression aimable. Son ton docte ne laisse pas percevoir chez lui le satiriste.

À l'écouter, mon jugement se précise : je l'estime et admire son esprit, et c'est peut-être ce qui me décontenance. N'a-t-il pas affirmé que tout art devrait être une forme de propagande ? Ce qui à mon sens restreindrait sa portée. Je préfère penser que le dessein de l'art – si tant est qu'il en ait un – est d'intensifier les sensations, les couleurs, les sons et de donner ainsi à l'artiste un plus large éventail pour exprimer la vie plutôt que de la réduire à sa dimension morale. J'aimerais le lancer sur le sujet, tout en étant convaincu que, sur un tel terrain, son intelligence l'emporterait haut la main.

Nous nous rendons ensuite dans le jardin où Lady Astor, Amy Johnson[7], M. Shaw et moi sommes pris en photo.

–Regardez de ce côté, M. Shaw, crie l'un des photographes.

–Je n'en ferai rien, répond-il, débonnaire. Vous n'aurez droit qu'à ce côté-là.

Après le départ des invités – je suis toujours le dernier à m'en aller –, Lady Astor, Ralph et moi nous asseyons pour discuter de tout et de rien. Nous parlons politique et évoquons les perspectives définies par le gouverne-

7. L'aviatrice britannique Amy Johnson (1903-1941) fut la première femme à rallier l'Angleterre à l'Australie en solitaire.

ment travailliste, la crise et ses raisons. Nous prenons congé alors qu'il est presque l'heure du dîner.

Sur le chemin du Carlton, Ralph me demande ce que je pense de Shaw.

–Il a un charme indéniable, un esprit étonnant et aime jouer avec les idées. Mais je ne le vois pas endosser le rôle de Méphistophélès, contrairement à ce que les journaux clament. C'est un gentleman affable, qui use de son intellect comme d'un mécanisme défensif afin de cacher sa sentimentalité.

–Qu'est-ce qui te fait dire cela ?

–Sa conception de l'art et son attachement à ses amis, entre autres choses. Prends ses lettres à Frank Harris[8], qui ont été publiées. Malgré leur franchise provocante, elles sont l'expression d'une amitié sentimentale.

Londres me fascine ! Je ne m'en lasserai jamais. Je suis donc là, foulant les mêmes lieux qu'il y a dix ans, baignant dans la tradition romantique de cette ville.

D'un côté, le monde de la richesse : Hyde Park, Lancaster Gate, Regent Street, Grosvenor Square. Chacun de ces quartiers a une âme et du caractère. Grosvenor Square et ses dignes bâtisses, uniformément disposées

8. Frank Harris (1856-1931), journaliste et écrivain américain d'origine irlandaise, qui fut rédacteur en chef de nombreux journaux, dont le *Saturday Review* auquel George Bernard Shaw collaborait régulièrement.

en cercle, avec leurs colonnes grecques telles des sentinelles, distinguées et austères : j'y vois l'incarnation même de l'élégance de l'ère victorienne, l'époque des personnages illustres.

Je m'imagine des attelages à quatre pur-sang caracolant l'écume aux lèvres, de fiers laquais qui ouvrent les portes des calèches, un Lord Palmerston ou un Disraeli[9] rendant quelques visites. J'aperçois des hommes de qualité affublés de cravates de chasse noires et de chapeaux de soie couleur fauve placés méticuleusement sur leur tête afin de mettre en valeur l'élégance de leurs favoris, ainsi que des dames réservées, vêtues d'un faux-cul et de fières manches bouffantes, une ombrelle au manche d'ivoire à la main, promenant leur caniche au matin.

On arrive ensuite sur Parliament Street, qui mène à Trafalgar Square. Combien de fois ai-je déambulé ici, m'arrêtant devant le magnifique Banqueting Hall du roi Charles Ier qui, le jour de son exécution, le traversa jusqu'à la fenêtre en angle pour rejoindre l'échafaud édifié devant celle-ci. Cette fenêtre est toujours là, identique, tout comme les pierres qui ont supporté la potence !

J'ai l'âme d'un touriste, car j'aime visiter les endroits où l'histoire s'est écrite. De l'empathie, de la sensibilité

9. Lord Palmerston (1784-1865) et Benjamin Disraeli (1804-1881) étaient des hommes politiques britanniques qui furent tous deux Premier ministre à deux reprises.

pour les choses, voilà ce que je cherche à éprouver. Ainsi, je m'imagine d'abord en Charles Ier sortant par cette fenêtre pour être décapité et je me figure ce qu'il a pu voir alors. Je m'imagine ensuite en spectateur, me plaçant là où la foule devait se tenir ce jour-là.

Puis resurgissent à nouveau les souvenirs personnels. Lambeth, Kennington, Brook Street, West Square et Westminster Bridge Road : je me rappelle précisément les magasins qui se tenaient là quand j'étais enfant. L'échoppe de prothèses avec, dans sa vitrine, un pied en cire déprimant exposé afin d'illustrer l'affaissement de la voûte plantaire, ainsi que d'horribles lithographies anatomiques en couleurs représentant un labyrinthe de nerfs dont le tracé évoquait des colonies de corail. Le magasin miteux de corsets avec son buste de femme indécent, en cire lui aussi, surmonté d'une coiffure sophistiquée encadrant un stupide sourire de biais. Au milieu de la médiocrité de ces boutiques, une seule touche de respectabilité : la porte bleue du dentiste aux accessoires de cuivre poli et sa petite devanture. Enfant, je passais des heures devant cette vitrine exhibant des dents féroces – comme elles me semblaient vivantes et pourtant impuissantes ! –, ainsi qu'un miroir, dans lequel j'avais coutume de me dévisager. Après toutes ces années, il ne reste qu'un jeu de mâchoire et je ne peux plus me voir dans le miroir désormais terne et piqué.

Lambeth, la patrie de la musique pour concertina! En flânant dans les rues assombries, une vieille rengaine me revient à l'esprit :

« Pourquoi ai-je abandonné ma petite chambre
de Bloomsbury,
Où, avec une livre par semaine, je vivais tel un roi… »

Ces vieilles chansons ont un tel pouvoir évocateur qu'un flot de souvenirs m'assaille. Enveloppées d'une fine brume, les rues sont désertes. On ne discerne que le contour des maisons. Je me promène dans ces quartiers modestes comme à la découverte d'un pays enchanté. Une autre chanson me revient en mémoire :

« Au nom du bon vieux temps, ne laisse pas
survivre une ancienne rancœur,
Au nom du bon vieux temps, accepte d'excuser
et de pardonner,
La vie est trop courte pour s'opposer,
La flamme est trop précieuse pour l'éteindre,
Serrons-nous la main et soyons amis,
Au nom du bon vieux temps. »

Enfant, j'ai entendu cette valse de nombreuses fois le samedi soir, entonnée sur les concertinas des Cockneys qui déambulaient dans notre rue ; la musique mourait progressivement dans la nuit alors qu'ils s'éloignaient.

Je m'arrête maintenant devant une échoppe de poisson frit. J'aimerais m'en offrir pour un penny, mais je n'en ai pas le courage : l'un des clients m'a reconnu.

Je m'enfuis alors dans l'obscurité avant d'être rattrapé.

Je donnerais tout l'or du monde pour surprendre la mélodie d'un concertina, là, sur-le-champ. Mais cette époque est révolue. En passant devant une maison, j'entends la radio qui diffuse une symphonie solennelle. Quel paradoxe ! Cette musique prétentieuse qui sourd de quartiers si humbles…

Il est bientôt onze heures.

Direction West Square, juste derrière l'asile d'aliénés de Bedlam[10] !

Mes plus anciens souvenirs remontent à cet endroit. J'avais environ trois ans et nous vivions à l'époque dans une grande maison. Je faillis y mourir pour avoir avalé un demi-penny : impressionné par le tour de magie de mon frère – faire réapparaître une pièce par le nez après l'avoir ingurgitée –, j'emportai ma tirelire dans mon lit et reproduisis sa farce à la lettre. Ce fut un désastre. Et quel ramdam ! J'ai le vague souvenir qu'on me secoua par les pieds, qu'on me frappa dans le dos et qu'on me posa un tas de questions avant d'être ramené dans le salon, qu'éclairait une lumière éblouissante ; puis, pour une raison que j'ignore, tout se calma alors et je m'endormis.

10. L'un des premiers hôpitaux psychiatriques européens, fondé au XVe siècle.

Je me rappelle aussi avoir déclenché l'hilarité peu de temps après cet incident: je jouais par terre et soudain découvris la cheville de ma mère. Pour moi, les os, comme les demi-pennies, s'avalaient et quand on m'expliqua de quoi il retournait, je m'exclamai:

– Tu dois en avoir avalé un énorme pour qu'il dépasse comme ça!

Autour de West Square, je m'arrête devant une papeterie qui vend aussi des jouets, des bonbons et du tabac. Son odeur fait remonter des sensations à ma mémoire – celles liées à Noël. J'aperçois dans la vitrine une arche de Noé et ses animaux de bois peint. Je ne peux résister: je l'achète rien que pour l'odeur de la peinture et des copeaux de bois dont elle est emplie.

J'ai toujours désiré visiter une prison anglaise – de mon plein gré, de préférence. Il est donc convenu que je me rendrais à Old Bailey, la haute cour criminelle de Londres, et à la prison de Wandsworth, où Oscar Wilde fut un temps incarcéré.

Le shérif[11] de Londres accepte aimablement de nous conduire à Old Bailey et de s'occuper du programme: assister à deux procès, puis déjeuner avec les juges.

11. En Grande-Bretagne, il s'agit d'un magistrat de la Couronne, qui est chargé, dans chaque comté, de différentes fonctions de police et de justice.

Nous arrivons au moment du jugement d'une femme qui comparait pour avoir lancé du vitriol à la figure de son amant. Elle bénéficie de circonstances atténuantes : l'homme l'a maltraitée et menée au désespoir. Fort heureusement, le vitriol n'a pas atteint la victime, qui ne souhaite donc pas poursuivre sa maîtresse. Il s'agit par conséquent de déterminer si l'acte a été ou non prémédité. Le juge conclut ainsi : « Vitrioler quelqu'un est un crime horrible et cruel. Mais s'il est prouvé que le geste a été effectué sur une impulsion, je serai clément. S'il y a préméditation, j'exigerai la peine maximale : dix ans. » C'est au jury de trancher. L'accusée jouit d'une bonne réputation ; chaque fait en sa faveur est pris en considération. Le verdict tombe : coupable, mais avec circonstances atténuantes, puisqu'il n'y a pas eu préméditation. La femme se voit infliger six mois de prison ferme assortis de travaux forcés. Ce procès me semble juste et équitable ; il n'a pas duré plus de vingt minutes.

Nous allons ensuite déjeuner. Nous sommes une vingtaine autour d'une table en T ; encadré des représentants de la loi, le shérif préside. Il est dans la tradition que ces repas soient réglés par ce dernier. La scène a un côté théâtral : on se croirait dans le foyer des acteurs du Drury Lane Theatre. Les juges, débarrassés de leurs perruques et de leurs robes, ont perdu un peu de leur superbe. Le seul vestige de leur splendeur légale est leur cravate à la Samuel Johnson[12], que l'on appelle, je crois, rabat. On nous apporte pour le dessert le traditionnel gâteau à la pomme rouge et aux raisins. Le shérif et plusieurs juges font un discours. Je me lève et y réponds du mieux que je peux.

On nous mène ensuite à la prison de Wandsworth, où le directeur nous fait visiter les différents quartiers. En Angleterre, le silence est encore imposé aux prisonniers, ce que je ne peux comprendre. Priver un homme du vecteur le plus porteur de civilisation – la parole – m'apparaît comme une démarche très peu scientifique.

Pour finir, on nous montre la cellule des condamnés et la chambre d'exécution. Je repère des marques de craie sur la trappe, là où s'est tenu, de toute évidence, le dernier infortuné. La lumière, étrange et dramatique, descend d'une petite fenêtre située en hauteur et dessine les contours de nos silhouettes. Au contraire de la méthode sentimentale des Américains, qui consiste à couper une corde pour ouvrir la trappe, les Anglais actionnent franchement un levier, geste accompli par un bourreau officiel. Tout cela est très déprimant, mais grâce au ciel, aujourd'hui aucun prisonnier n'attend son exécution. Nous achevons notre visite autour d'un

12. Samuel Johnson (1709-1784), grande figure de la littérature anglaise, fut toute sa vie un fervent conservateur. Il fut souvent décrit comme l'un des hommes de lettres les plus distingués d'Angleterre.

dîner avec le directeur de la prison et sa femme, qui se montrent des plus charmants et cordiaux.

Alistair MacDonald, que j'avais rencontré en Californie, m'avait alors gentiment proposé de rencontrer son père, l'honorable Ramsay MacDonald, le Premier ministre britannique, dans leur maison de campagne officielle, Chequers, située au milieu des collines glorieuses du Buckinghamshire, les champs de bataille d'Oliver Cromwell[13]. En arrivant avec Alistair, nous tombons sur le Premier ministre et sa fille, Ishbel, qui font une petite promenade. Je suis très chaleureusement accueilli. Nous abandonnons notre automobile et nous joignons à eux. Le Premier ministre a un visage séduisant, les yeux d'un rêveur et un léger accent écossais. Il aime marcher et me propose de gravir un coteau pour y admirer, depuis son sommet, les magnifiques paysages du Buckinghamshire. Une bise glaciale nous ramène rapidement à la maison où le thé a été servi au salon. Là, me sont présentées des reliques cromwelliennes. Puis, alors que nous sommes confortablement installés autour d'une bonne flambée, j'estime que c'est l'occasion de parler un peu de politique – notre conversation avait tourné jusque-là sur mon séjour en Angleterre.

13. Oliver Cromwell (1599-1658), figure politique anglaise qui joua un rôle majeur dans l'histoire de la Grande-Bretagne.

–Vous savez, l'Angleterre me semble avoir beaucoup changé depuis ma dernière visite il y a dix ans. À l'époque, des vieilles dames aux cheveux gris dormaient sur les quais de la Tamise, les magasins étaient visiblement mal approvisionnés et les enfants pauvrement vêtus. Les choses sont différentes aujourd'hui. Ces vieilles dames ont disparu, les magasins sont pleins de marchandises et les enfants correctement habillés. Et on peut dire ce qu'on veut des allocations-chômage, elles ont, à mon avis, sauvé l'Angleterre. Elles ont mis de l'huile dans les rouages de l'industrie, car il faut que l'argent circule, peu importe d'où il vient.

Le Premier ministre reste impassible. Il fait un simple signe de tête, accompagné d'un air de « Ah oui, vraiment? ». Aucun espoir apparemment de le mener sur le terrain de la politique.

Ce soir-là, la princesse Bibesco[14] est attendue pour dîner. Perspective réjouissante. Le Premier ministre, en grande forme, nous raconte une pléthore d'anecdotes. Je suis ensuite mené aux cuisines, que je visite longuement en compagnie des domestiques. Je séduis tout particulièrement la cuisinière – elle vient de Manchester et sait que j'y ai vécu. J'aurais désormais une place d'honneur sur la cheminée de son salon, m'annonce-t-elle.

14. La princesse Elizabeth Bibesco (1897-1945) était la fille de Lord Asquith, l'un des Premiers ministres du Royaume-Uni. Elle a écrit plusieurs romans, pièces de théâtre et recueils de nouvelles.

–Ce sont mes préférées, dit-elle en me montrant, accrochées à un miroir, des photos de presse récentes de la famille royale au complet. Je ne peux bien sûr pas vous mettre avec eux, mais vous serez à côté.

–Peu importe où vous me mettez, lui réponds-je avec une timidité feinte, du moment que c'est sur votre gauche.

Après le dîner, je regagne Londres avec Alistair MacDonald. Des journalistes nous y attendent, qui me bombardent de questions, comme d'habitude. Mais j'ai mis au point une technique pour contrer ces interviews: je réponds par monosyllabe ou d'un simple sourire aux questions les plus sottes.

Ce qui, ce soir-là, donne à peu près cela:

–Le Premier ministre vous a-t-il paru être un homme intéressant?

–Oui.

–Avez-vous parlé de politique?

–Non.

–Avez-vous effectué quelques pas de votre démarche amusante pour lui?

Sourire.

–Allez-vous vous en servir comme personnage dans l'une de vos comédies?

Autre sourire. Et ainsi ai-je prononcé des oui, des non et émis des sourires tout au long de l'interview.

Je consacre la matinée du lundi à faire le tour des magasins. Rien de plus agréable que de se livrer à cette activité à Londres. Je fais de nombreux achats, dont des robes de chambre et des pyjamas criards. Mon goût pour ces vêtements remonte à l'enfance, je crois, quand j'admirais avec envie ceux qui étaient vendus dans Burlington Arcade. Souvent, je déclarais que si un jour je devenais riche, je m'en achèterais des tonnes.

Nous déjeunons ensuite au Quaglino avec Randolph Churchill[15] et quelques amis, parmi lesquels Lord Birkenhead[16], le fils du célèbre homme d'État. Il rédige une biographie de son père – quelle tâche, pensé-je, me demandant si un fils pouvait prendre suffisamment de distance pour aborder aussi bien les parts d'ombre que celles lumineuses, toutes indispensables à l'établissement du portrait d'un grand homme.

Je m'éclipse rapidement après le déjeuner pour me rendre à Tower Bridge. Je rêve souvent que je traverse ce pont : la scène, des plus précises, se déroule toujours de la même façon et je souhaite donc la confronter à la réalité. Comme j'en ai assez de visiter Londres en taxi et en automobile, je saute dans un bus, sans prêter garde à Ralph qui me traite de fou. Dans la précipitation, je

15. Randolph Churchill (1911-1968), fils de Sir Winston Churchill, était à l'époque un jeune journaliste en vogue.
16. Frederick Winston Furneaux Smith (1907-1975), deuxième comte de Birkenhead, était un historien, dont le père avait été député.

glisse et déchire mon pantalon. Tous les passagers me reconnaissent et aussitôt se regroupent à l'extérieur du bus. Rien à faire : je ne peux m'en aller qu'après avoir signé plusieurs cartes postales et petits carnets. Peu importe, je hèle un autre bus. Ralph proteste, je persiste. Cette fois-ci, je l'attrape en marche, espérant ainsi échapper à la foule. Mais elle nous suit et embarque derrière nous. Fébrile, Ralph, qui déteste les attroupements, est hors de lui :

– Charlie, tu vas créer une émeute !

Je finis par renoncer : j'arrête un taxi et découvre – à ma grande déception – que Tower Bridge n'a rien à voir avec mes rêves. Au royaume de Morphée, je ne ferai plus jamais confiance à l'authenticité des lieux.

Le lendemain, je déjeune avec Sir Philip Sassoon, à la Chambre des Communes, avant d'y retrouver Lloyd George[17] dans ses appartements privés, pour le thé. Je suis immédiatement frappé par le charme et l'aisance de ce grand homme d'État. Il a l'art de vous mettre tout de suite à l'aise. Je lui fais part de toutes sortes de projets et de programmes pour les allocations des chômeurs. Il est très patient et manifeste même un certain enthousiasme lorsque je suggère la transformation du sud-ouest de Londres en un centre d'affaires moderne, éliminant ainsi ce quartier de taudis :

17. David Lloyd George (1863-1945), homme d'État britannique qui fut Premier ministre de 1916 à 1922.

–La ville est trop étriquée et ses rues trop encombrées. L'avènement de l'automobile les rend inappropriées à la rapidité des flux – ce qui constitue un handicap pour le commerce britannique.

Malgré l'intérêt dont il fait preuve, Sir Philip émet un bâillement étouffé – ce que je ne peux m'empêcher de remarquer –, puis regarde sa montre. Je propose donc de ne pas lui faire perdre davantage son temps avec mes inepties.

–Mais pas du tout, répond-il aimablement. Je sais que vous dînez mercredi prochain à la Chambre des Communes avec Lady Astor. J'y suis invité moi aussi : nous aurons donc le plaisir de poursuivre notre conversation.

Sur ce, nous nous serrons la main et je prends congé.

Le dîner organisé par Lady Astor est un événement dont tout le monde parle. Elle a invité, sur un terrain neutre, un représentant de chaque parti politique. Ils sont une vingtaine – des conservateurs, des libéraux, des travaillistes, et même des communistes –, tous assis à la même table. Lloyd George prend place à la droite de Lady Astor, moi à sa gauche. En face de « L. G. », comme il est surnommé, Kirkwood le communiste, un Écossais robuste qu'il a fait emprisonner pendant la guerre. Et voilà qu'ils dînent ensemble !

Après le repas, chacun fait un discours sur le thème suivant : « Si nous avions le pouvoir d'un Mussolini, que ferions-nous pour aider l'Angleterre à sortir de la crise qu'elle traverse ? » Je suis le premier à prendre la parole, sans appréhension, étrangement : les fous crient là où les anges craignent de susurrer[18]. Je commence ainsi :

– La première chose que je ferais serait de réduire le nombre de membres au sein de l'État ; le monde entier souffre de trop de gouvernement et des dépenses que cela induit. Je nationaliserais les banques, dont je remanierais plusieurs règles – idem pour la Bourse. Je créerais un Bureau gouvernemental de l'Économie, qui contrôlerait les prix, les taux d'intérêt et les profits. Je m'efforcerais de réunir les colonies britanniques au sein d'un ensemble économique. J'émettrais des titres convertibles afin d'alléger les dépenses du budget, titres qui seraient utilisés à l'intérieur des frontières britanniques pour tout ce que l'Angleterre peut produire, de l'achat de charbon au paiement des loyers. Ils cesseraient d'avoir cours une fois l'équilibre économique rétabli. Je favoriserais l'internationalisme, la coopération commerciale au niveau planétaire, l'abolition de l'étalon-or et de l'inflation monétaire mondiale. Les réserves d'or sont trop limitées pour servir de moyen d'échange au sein d'une population en expansion, d'autant que la main-d'œuvre perd peu à peu sa valeur dans

18. Phrase inspirée d'un passage d'*Essai sur la critique* du poète anglais Alexander Pope (1688-1744) : « Le fou se rue là où le sage n'ose mettre le pied. »

le travail. Les balances à or sont désormais trop petites : elles ont cessé de pouvoir peser la production humaine. Il en faut de plus grandes. Considérer l'or comme moyen d'échange revient à tenter de livrer une tonne de charbon à l'aide d'une charrette d'enfant : le charbon sera certes acheminé à bon port, mais entre-temps, la maisonnée sera morte de froid. Agrandissons ces balances et utilisons celles qui servent à peser l'argent par exemple. Augmentons la taille de nos camions pour que les livraisons soient pertinentes : le pays regorge de charbon et d'âtres à chauffer. Je m'efforcerais par ailleurs d'augmenter le niveau de vie – au mieux à l'échelle internationale, au moins au sein de l'Empire britannique. Je défendrais la réduction du temps de travail et la mise en place d'un salaire minimum confortable pour tout homme et femme de plus de vingt et un ans. Je plaiderais pour la libre entreprise tant qu'elle n'entamera pas le progrès ni le bien-être de la majorité.

De nombreux discours, édifiants et sérieux, dont certains pessimistes – l'un des intervenants affirme que rien ne peut être fait à moins de découvrir d'autres gisements d'or et de créer de nouvelles entreprises pour stimuler l'industrie – succèdent au mien, qui a été accueilli avec bienveillance.

Lloyd George conclut en prenant en compte le point de vue de chacun, qu'il analyse et dont il souligne les nombreux aspects qu'il partage. Ses principes sur le libre-échange sont cependant inflexibles. Ce soir-là, il confirme ses qualités de meneur: c'est un auditeur attentif, avenant et engageant, qui fait part de ses critiques constructives sobrement, avec une détermination et une conviction inhérentes à son génie.

Parfois, Ralph et moi nous promenons dans Londres à minuit. Nous furetons du côté de Fleet Street, sur les terres de Samuel Johnson. Un voyage dans les XVe et XVIe siècles est possible par là-bas.

Un soir, en traversant Trafalgar Square, les clochards qui y traînent me reconnaissent:

– Bon vieux Charlie!

L'un d'eux s'approche alors de moi, prêt à me chercher querelle.

À ce moment-là, un autre s'exclame:

– Hé, laisse-le! Tu sais donc pas qui c'est?

Les égards auxquels j'ai alors droit sont touchants et flatteurs. Je ne suis pas un pigeon pour eux, mais un ami, ce qui m'émeut profondément. Les Cockneys sont des gens formidables.

Autre hommage qui me touche: celui que m'accorde un vieil homme respectable, élégamment habillé et emmitouflé, qui descend Pall Mall d'un pas alerte en ce jour d'hiver: quand il me reconnaît, il s'écarte et me salue avec son chapeau. Son geste est d'une grande simplicité. Pas de familiarité, pas de poignée de main.

Son air radieux et la spontanéité avec laquelle il soulève son couvre-chef, voilà ce qui m'attendrit.

Aujourd'hui, je vais visiter l'orphelinat où j'ai passé deux années à partir de l'âge de cinq ans. Plus que le reste, cette école est le motif de ma venue en Europe. Je peux dire que j'y ai vécu l'époque la plus malheureuse de ma vie. C'était pour moi comme une prison, comme une maison de la honte. Nous étions tombés dans une extrême pauvreté, or la pauvreté était un crime – même à l'âge de sept ans, j'en avais conscience.

Je suis donc sur le point de me retourner pour plonger dans le passé. J'ai comme une appréhension à donner l'adresse au chauffeur. Le seul indice dont je dispose est le nom de l'école – je n'ai pas la moindre idée d'où elle se trouve. Lorsque je l'interroge, le chauffeur semble perplexe. Le suspense est insoutenable.

–Attendez, ce doit être sur la route de Highgate.

Dieu merci, il est au moins au courant de l'existence du lieu. Je tente, sur le trajet, de reconnaître certains endroits. Tout ce que je sais, c'est qu'enfant, l'orphelinat me semblait installé dans la campagne profonde –or désormais, tout est construit. Nous nous arrêtons à un croisement et le chauffeur se renseigne auprès d'un policier :

–Où se trouve S. ?

–Ce doit être l'asile de dingues, répond l'agent.

Le chauffeur se retourne vers moi :

– C'est à l'asile de dingues que vous voulez aller ?

– L'asile de dingues ? Mais qu'est-ce donc ? réponds-je doucement.

– La maison de fous, là où ils sont un peu… Vous voyez ce que je veux dire, dit le policier en pointant le haut de son casque.

Mon moral est au plus bas.

– Oh, non, rétorqué-je, c'est une école, un orphelinat.

– Ah, l'orphelinat ! dit l'agent. Il se trouve à environ trois kilomètres d'ici. Vous tournerez ensuite à gauche.

Je suis une nouvelle fois soulagé, même si nous sommes toujours entourés de bâtiments. En prenant à gauche, nous tombons sur des terrains vagues et des champs à perte de vue : mon moral remonte. Nous nous engageons dans une ruelle au bout de laquelle apparaît soudain un bâtiment encadré de piliers romains, premier détail qui me replonge dans mon enfance. Je suis si heureux et excité que j'ai du mal à me retenir de sauter hors de la voiture.

Nous n'avons aucune lettre de recommandation ni laissez-passer. Nous nous présentons sans savoir si nous pourrons entrer. Nous sommes néanmoins conduits dans une pièce où nous faisons la connaissance du directeur de l'école.

– Nous nous attendions à votre visite, d'une certaine façon, dit-il. Une rumeur annonçait votre venue. J'ai fait des recherches dans les archives et y ai découvert le dossier où ont été consignées votre arrivée et votre sortie en 1896: « Sydney[19] Chaplin rendu à sa mère le 10 mars 1896. Charles: idem. »

Ralph et moi rions bêtement.

– Tu vois, tu n'es qu'un idem! commente Ralph.

Le directeur est extrêmement courtois. Désirons-nous une tasse de thé avant la visite? Mais je suis très impatient et ne peux plus attendre: je refuse donc poliment. Il charge un assistant de nous guider et nous commençons notre tour. Tout d'abord, la cour, qui n'a pas changé depuis mon enfance. Contrairement à l'idée reçue selon laquelle les choses nous apparaissent plus petites quand nous grandissons, elle semble aussi grande qu'auparavant. Puis l'atelier du tailleur, l'escalier de l'école, la salle des châtiments, le cagibi où nous cirions nos bottes les matins glacés, les dortoirs et les éviers d'ardoise déprimants.

J'emprunte l'escalier qui m'était si familier quand j'étais enfant, avec ses murs qui m'enserraient, ses marches si proches de mon visage. Rien n'a changé: cet escalier exigu, raide et étroit continue de m'oppresser. Je ressens les murs, l'escarpement des marches, je gravis ces dernières avec la même sensation d'étouffement et de confinement.

19. Sydney Chaplin (1885-1965), demi-frère aîné de Charlie Chaplin.

Tout est là, comme par le passé. Même les enfants, semblables à ceux d'autrefois, en plus souriants et plus heureux. Je me rends au réfectoire – une vaste salle – et retrouve ma place : la troisième chaise de la quatrième table. Qui l'occupe donc à présent ?

Je me souviens parfaitement d'un Noël que je passai sur cette même chaise, à verser d'abondantes larmes. La veille, j'avais enfreint le règlement. Or, lors du repas de Noël, on nous remettait à chacun deux oranges et un sac de bonbons. Je me rappelle mon agitation, tandis que j'attendais mon tour. Les oranges semblaient si gaies et lumineuses, en comparaison du décor gris qui était le nôtre ; et le seul jour où nous voyions des oranges était celui de Noël. Je me demandai ce que je ferais des miennes. Je garderais la peau ; quant aux bonbons, j'en mangerais un par jour.

Chaque enfant se vit remettre son trésor à l'entrée du réfectoire.

Enfin mon tour arriva, mais on me prit à part :

– Eh non, vu ce que tu as fait hier, tu n'en auras pas.

Et donc, assis là sur cette chaise, à la quatrième table, je pleurai avec amertume. Les enfants se montrèrent plus charitables que les surveillants : ceux qui m'entouraient me donnèrent un bonbon chacun, ce qui me consola de ma perte.

Des centaines de visages souriants me regardent pendant que je me tiens là, dans le réfectoire. Les enfants ont l'air heureux et gais – rien à voir avec le temps où j'étais pensionnaire ici.

–La politique de l'école a évolué depuis votre époque, Monsieur, dit l'assistant, comme s'il lisait dans mes pensées. Les règles étaient militaires et la discipline des plus strictes. Aujourd'hui, les enfants ont plus de liberté et sont mieux traités.

Je n'ai aucun doute là-dessus, vu la spontanéité avec laquelle ils sourient et jouent devant le directeur. Il est évident qu'ils l'adorent tous. Il requiert leur attention et leur annonce : « Les enfants, vous allez découvrir le cinématographe. Nous allons organiser une soirée de gala, avec projection de films, et distribution d'oranges et de bonbons. »

DEUXIÈME PARTIE

JE SUIS IMPATIENT DE RETROUVER MON AMI, l'honorable Winston Churchill. Ralph et moi sommes invités dans sa magnifique maison de campagne de Westerham, dans le Kent. J'ai rencontré M. Churchill pour la première fois en Californie, alors qu'il y donnait des conférences. Ses manières directes et modestes m'avaient aussitôt charmé. Il a un petit cheveu sur la langue et est légèrement voûté, comme Napoléon. Cet homme audacieux dégage un dynamisme immédiatement perceptible. Orateur hors pair, il récite à l'improviste – et à toute allure – de remarquables épigrammes. L'homme d'État se double d'un excellent écrivain et d'un peintre accompli. Il m'avait dit lors de son séjour américain avoir appris par les journaux que je souhaitais réaliser un film sur la vie de Napoléon :

–N'hésitez pas ! En plus de la dimension dramatique, n'omettez pas le ressort humoristique. Napoléon dans sa baignoire, où il se disputera avec son frère autoritaire, vêtu de son uniforme aux ganses dorées : voilà une occasion de mettre l'empereur en situation d'infériorité! Mais dans sa rage, ce dernier éclaboussera volontairement l'élégante tenue de son frère, qui, humilié, sera alors contraint de prendre congé. Vous tenez là une scène non seulement subtile psychologiquement, mais aussi comique et pleine d'action.

La nuit est tombée quand nous arrivons en voiture chez Churchill. Nous avons apporté nos tenues de soirée. Il fait un froid de canard et je suis reconnaissant au bain chaud qui m'attend. Je m'habille dans la chambre du maître des lieux: y trônent des piles de livres – je remarque dans ma hâte *Les Vies parallèles* de Plutarque, ainsi que de nombreux ouvrages sur Napoléon; ses bureaux sont recouverts de papiers.

Plusieurs jeunes membres du Parlement assistent au dîner et jouent un rôle important lors de cette soirée placée sous le signe de la dialectique. M. Churchill aime parler affaires, il aime son métier. Il prend à partie et interpelle avec humour certains des jeunes députés. L'esprit est de mise tout au long du repas.

L'un des convives affirme que Gandhi représente une menace pour la paix en Extrême-Orient. J'ose soutenir pour ma part que les Gandhi ni les Lénine ne sont des initiateurs de révolutions: entraînés par les masses, ils se font la voix d'un peuple.

–Vous devriez vous présenter au Parlement, me dit Churchill en riant.

–Non, Monsieur. Je préfère continuer de faire des films pour l'instant. Quoi qu'il en soit, j'estime que nous devrions être attentifs aux évolutions pour éviter les révolutions. Or le monde semble avoir un besoin criant de changements.

Tous, cependant, nous soutenons l'idée d'un gouvernement progressiste. Et M. Churchill affirme qu'il reste beaucoup à faire pour préserver la civilisation et la ramener sans dommage à son état normal.

L'un de ses passe-temps est de poser des briques: il a élevé plusieurs jolis murs tout autour de sa propriété. Je note, dans la salle à manger, divers tableaux – natures mortes ou paysages – signés de sa main. Nous avons le loisir de les examiner avec Ralph; ce dernier, qui s'y connaît en art, décrète qu'ils sont magistraux.

La famille de Churchill est charmante. Sa femme et ses enfants lui sont une source d'inspiration et de bonheur. Doté d'un esprit de famille très développé, il est aussi un patriote des plus sincères. J'oserais même dire que c'est un ultra-conservateur dont la présence est salutaire à la Chambre des Communes, ce qui est plus que nécessaire de nos jours.

Demain a lieu la première de mon film. Il est convenu que je m'habillerai directement au théâtre pour éviter la foule, et que j'y dînerai. Tout cela est bien irritant: dire que je ne peux, à l'instar de tout un chacun, me rendre dans un restaurant... Nous partons pour le théâtre, Ralph et moi, vers cinq heures. Nous prenons tranquillement notre repas dans la loge et attendons le début des festivités – la soirée commencera à neuf heures.

Chère vieille Londres, fidèle à la tradition ! Il y pleut toujours au mauvais moment ! Une bonne averse se met donc à tomber aux alentours de huit heures. Mais cela ne décourage pas les spectateurs, qui se présentent par milliers. De temps en temps, je me penche à la fenêtre et leur fais signe de la main. Cependant, quoi que je fasse, je ne peux en rien leur rendre leur dévotion et leur ardeur.

La soirée est un succès. L'impresario, M. Gillespie, et l'exploitant londonien de mes films ont parfaitement bien organisé les choses, et avec beaucoup de goût. Assis près de Bernard Shaw pendant la projection, je suis inquiet de connaître son avis ; ses commentaires sont plutôt élogieux. On me demande de faire un discours mais, au comble de l'excitation, je ne parviens qu'à balbutier quelques mots – auxquels le public est toutefois sensible.

J'ai organisé, après la projection, une soirée au Carlton, à laquelle sont invités tous ceux que je connais, soit environ deux cents personnes. L'honorable Winston Churchill fait un discours qu'il débute ainsi : « Mes chers Lords, Mesdames et Messieurs... » et qu'il achève en me rendant un charmant hommage. Je suis son exemple : « Mes chers Lords, Mesdames et Messieurs… » Puis saisissant l'importance de l'occasion qui m'est donnée, je me fais plus grandiloquent et poursuis avec un « Mon ami, l'ancien Chancelier de l'Échiquier ». J'entends alors s'élever la voix tonitruante de M. Churchill.

– L'ancien, l'ancien… répète-t-il en riant. J'aime bien ça.

Je rétorque nerveusement :

– Veuillez m'excuser, je voulais dire le « précédent »… Le « précédent » Chancelier de l'Échiquier…

Anéanti par cet intermède, je reprends néanmoins :

– Mon ami, M. Winston Churchill…

Ce qui déclenche de nouveaux rires. Mon discours terminé, la soirée s'enchaîne sur une série de spectacles, suivis d'un bal.

Je rencontre ce soir-là une dame avec qui je danse plusieurs tangos, ce qui inquiète mon secrétaire :

– Arrêtez, me susurre-t-il à l'oreille, et dansez avec une autre femme. Sinon la presse vous dira fiancé.

Mais la presse peut bien dire ce qu'elle veut. Ce soir, je serai moi-même et savourerai pleinement la réception – qui se prolonge pour moi jusqu'à cinq heures du matin.

Le lendemain, nous épluchons la presse en quête de critiques du film. Elles sont presque toutes enthousiastes, sauf, à l'évidence, dans une certaine catégorie de quotidiens, qui se montrent délibérément défavorables. Cela n'a cependant que peu d'effet sur mon moral : j'ai décidé de profiter de mes vacances.

Mon ami Ralph Barton rentre en Amérique demain. Ces derniers temps, son comportement est étrange. Il m'a avoué il y a quelques jours qu'il détestait le tic-tac des horloges : s'il le pouvait, il les arrêterait toutes. Celle, électrique, qui se trouvait dans notre chambre a d'ailleurs été débranchée. Ralph m'a confessé qu'elle lui tapait sur les nerfs. Sur le moment, je n'ai pas accordé une grande importance à ce geste, mais depuis sa mort, j'en perçois toute la portée psychologique. Nous consacrons donc la journée du lendemain aux préparatifs de son départ. Il se sent mieux et il est impatient de reprendre son travail.

Je ne l'ai plus jamais revu ; il avait promis de m'écrire, mais je n'ai reçu aucune lettre de lui. Et, deux mois plus tard, lors d'un séjour dans le sud de la France, j'apprenais son suicide. Pauvre Ralph ! Ça a été un immense choc pour moi. Il était si doux, si rêveur que jamais je n'avais soupçonné tant de violence en lui. C'était l'un des hommes cultivés les plus charmants que j'ai rencontrés et il laisse un grand vide dans le cercle restreint de mes amis intimes.

Je suis assailli par toutes sortes de demandes et d'invitations : les lettres s'amoncellent. Je dois donc changer de lieu, au risque sinon de mettre en danger mes relations avec les gens. Personne ne peut trouver le temps de voir tous ses amis et, comme je suis incapable de faire des projets à trop long terme, il ne me reste qu'une solution si je ne veux offenser personne : faire mes bagages et partir. Je décide soudain de me rendre en Allemagne.

Sur le chemin de Berlin, nous faisons halte aux Pays-Bas. Avec ses canaux, ses moulins et ses arbres trapus uniformément élagués, aux branches tournées vers le ciel, ce pays est très différent des autres. Dans certaines gares, des sabots hollandais emplis de chocolats et joliment décorés de rubans bleus sont à vendre. Bien sûr, j'en achète pour les envoyer à quelques amis ! La campagne hollandaise est soignée et propre. Tout semble à sa place ici. Et c'est fou ce que les cyclistes sont nombreux sur les routes ! Les bicyclettes sont partout.

Des journalistes hollandais nous ont rejoints à bord du train. Très courtois, la plupart parlent anglais, ce qui facilite les interviews. L'un d'eux m'annonce qu'un pont est en construction à Rotterdam, sur lequel doit être érigée une statue à mon effigie. Ma réponse est des plus banales :

–Ah, vraiment ? C'est merveilleux ! lui dis-je en tentant de ne pas laisser transparaître mon excitation.

Mais à la gare suivante, je descends du train pour faire un tour. Mon manager me rejoint.

–Sais-tu que les Hollandais vont ériger ta statue sur l'un des ponts de Rotterdam? s'exclame-t-il, enthousiaste.

–C'est ce que j'ai compris, dis-je d'un air détaché.

Feignant la plus grande sérénité, je continue d'aller et venir sur le quai, mais je finis par me ruer vers le bureau du télégraphe pour câbler la nouvelle à mon frère.

J'étais quasi inconnu à Berlin lors de mon premier voyage en 1921 : très peu de mes films y avaient été projetés pendant la guerre. Mais aujourd'hui, les choses sont différentes. On m'a prévenu que j'y ai du succès et qu'il fallait donc m'attendre à un accueil extrêmement chaleureux. Et je peux vous assurer que je n'ai pas été déçu! À mon arrivée, des milliers de gens occupent la gare tandis qu'une foule attend dehors. Je saisis des bouts de phrase en anglais :

–La ruée vers l'or, Charlie! Le cirque, Charlie!

Tout le monde est en effervescence. Les journalistes et les officiels, emportés par la multitude, se retrouvent éparpillés çà et là. Le long des rues, c'est également la cohue. C'est l'accueil le plus grisant qu'on m'ait jamais réservé, plus encore que celui de Londres.

Quand nous arrivons à l'hôtel Adlon, un autre rassemblement d'admirateurs nous attend ; je suis directement mené vers l'ascenseur puis vers ma chambre, où je vais aussitôt les saluer depuis le balcon ; en réponse retentit un « Hourra ! ». Après être rentrés, nous sommes enfin tranquilles pour savourer une tasse de café.

Une fois encore, lettres et invitations d'amis s'entassent, dont une de la part de l'ambassade britannique : je dois dîner avec l'honorable Sir Horace Rumbold, l'ambassadeur, et sa famille, avant de me rendre à l'opéra. Une autre émane de mon ami Vollmoeller, poète et auteur de la pièce mise en scène par Max Reinhardt[1], *Le Miracle*: il organise une soirée bohème chez lui en mon honneur.

J'ai engagé la comtesse York comme secrétaire – une jeune Allemande passionnante, qui connaît son Berlin comme sa poche.

Ce soir-là, nous nous rendons dans une cave à bière, sorte de cabaret où se produit Garro[2], l'une des vedettes de Berlin. C'est un comédien de farces, affectées et turbulentes à la fois, un véritable artiste en somme. Ayant appris que j'assisterai à la représentation depuis

1. Max Vollmoeller (1878-1948) était un dramaturge et scénariste allemand, qui écrivit le scénario de *L'Ange bleu* – ce film rendit Marlène Dietrich célèbre. Max Reinhardt (1873-1943) était un metteur en scène de théâtre allemand ; il fonda le Festival de Salzbourg en 1920, avec Richard Strauss et Hugo von Hofmannsthal.
2. Il s'agit d'Erich Carow (1893-1956), l'un des comiques les plus adulés au moment de la visite de Chaplin à Berlin.

le premier rang, il fait une annonce et m'invite à monter sur scène. Il dit quelques mots en allemand, puis se tourne soudain vers moi et m'enlace : il m'embrasse avant que je ne puisse réagir. Son discours s'enflamme ; je saisis les termes « cirque » et « ruée vers l'or ». Il imite certaines de mes mimiques, ce qui provoque des éclats de rire dans le public. À nouveau, il se fait théâtral, ponctuant ses remarques de pauses du meilleur effet et de modulations de sa voix. Des larmes lui montent aux yeux. Puis dans un geste dramatique, il me désigne du doigt. Les spectateurs applaudissent à tout rompre. Garro murmure quelques mots en aparté avant de m'embrasser une fois encore, ce qui déclenche un nouveau fou rire dans la salle. Nous sommes ovationnés alors que nous quittons la scène. Je n'ai pas la moindre idée de ce qu'il a pu dire, mais je sais seulement qu'il a joué à volonté sur les émotions du public.

Programme du lendemain : prendre le thé avec les représentants du gouvernement, visiter la prison et le musée de la police, puis dîner chez Vollmoeller.

Dans l'après-midi, je me retrouve donc autour d'une tasse de thé avec plusieurs membres du Reichstag. Tous s'inquiètent de l'avenir économique de l'Allemagne.

– Nous ne tiendrons pas une année de plus ainsi, affirment-ils.

Ils semblent pessimistes.

– Et que se passerait-il si vous ne teniez pas ?

– Ce serait la banqueroute, me répondent-ils.

Les membres du gouvernement et les appelés ne seraient pas payés ; les divers services de l'État voleraient en éclat. En d'autres termes, ce serait la voie ouverte à l'anarchie et au bolchevisme. La situation semble désespérée, l'avenir bien sombre.

– Même si nous tenons cette année, ajoutent-ils, nous finirons par avoir des soucis. Il n'y a qu'à prendre les universités. Les jeunes gens suivent des formations qualifiées et obtiennent leurs diplômes. Et tout ça pour rejoindre les rangs des chômeurs à la soupe populaire. Cela va forcément créer des problèmes, d'autant que les choses ne semblent pas s'améliorer.

À mon retour à l'hôtel, un mot de Vollmoeller m'annonce que le dîner commencera tôt afin que l'on puisse se rendre au théâtre. Un souper aura ensuite lieu chez lui, en compagnie de quelques amis.

La mise en scène, la distribution et la musique du spectacle – une comédie musicale – sont admirables. La maîtrise des arts de la scène et de la musique est bien supérieure dans le théâtre allemand que partout ailleurs en Europe, je dois l'avouer. J'ai aussi assisté pendant mon séjour à une représentation de *Liliom*[3] au

3. Pièce du dramaturge hongrois Ferenc Molnár (1878-1952), qui fut jouée à de nombreuses reprises aux États-Unis à partir des années 1920 (une mise en scène réunit Ingrid Bergman et Elia Kazan en 1940).

Théâtre des Ouvriers – ces derniers ont bâti l'édifice et le dirigent. L'endroit est réputé : les meilleures pièces y sont jouées et celle que j'y ai vue était en effet extraordinairement montée. Le théâtre dispose d'un plateau tournant et des scènes sont projetées par des lanternes magiques sur un fond blanc, ce qui facilite les changements de décors et permet des effets épatants. Les billets y sont à un prix unique, on ne peut faire de réservation et les places sont attribuées par tirage au sort.

Après le spectacle, nous nous retrouvons comme prévu chez Vollmoeller. Plusieurs personnes intéressantes sont présentes : Friedrich Hollander, compositeur, entre autres, de *Falling in Love Again*[4], qui nous interprète quelques morceaux au piano ; G[5]., une ravissante Allemande, par ailleurs danseuse célèbre. Chacun d'entre nous fait un numéro : G. danse à merveille, j'imite un combat de taureau et plusieurs saynètes s'enchaînent ainsi au cours de cette charmante soirée bohème.

Demain, nous devons visiter Potsdam et le prince Henri de Prusse, le neveu du Kaiser, sera notre guide

4. Mélodie célèbre chantée par Marlène Dietrich dans *L'Ange bleu*.
5. Il s'agit de la danseuse Henriette Margarethe Hiebel (1905-1940), surnommée La Jana, qui avait débuté sa carrière au sein du ballet de l'opéra de Francfort. Elle se produisit dans de nombreux cabarets et tourna dans plusieurs films.

dans le palais. Sir Philip Sassoon, qui vient d'arriver à Berlin pour y passer deux ou trois jours, sera des nôtres.

Nous déjeunons à Potsdam. La ville semble déserte et il n'y reste presque rien de l'éclat du passé. La façade du palais serait magnifique si elle n'était pas affublée de ces statues ridicules qui se tiennent au bord du toit et qui s'apparentent en tous points à des équilibristes. Les abords sont splendides, mais, pour moi, tous les palais se ressemblent. De pièce baroque en pièce baroque, leurs intérieurs sont couleur bonbon. À peine sommes-nous arrivés à la moitié de notre visite que je suis épuisé et déprimé. En termes de confort, c'est le néant. L'une des salles, aux murs couverts de coquillages, est particulièrement laide : on a l'impression d'être dans un bar à huîtres ou devant l'entrée d'une buvette de Coney Island. Chaque coquillage existant est censé y apparaître et je n'ai jamais vu un tel amas compact de bernaches ; on dirait les piliers d'un ponton peints pour le carnaval. En revanche, les jardins sont splendides – là, on n'y est pas heurté par la prétention humaine.

À notre retour, nous prenons le thé avec Marlène Dietrich, qui passe à Berlin des vacances bien méritées.

J'ai beaucoup entendu parler de la vie nocturne berlinoise et il serait intéressant de s'y plonger. Toute une série de rumeurs folles circulent sur ce qu'on trouve dans les cafés – des hommes habillés en femmes et des femmes en hommes. Nous décidons donc de nous rendre dans l'un de ces établissements pour y découvrir des choses que la décence empêche de rapporter en détail.

Je dois avouer ma déception. Le spectacle, médiocre, est altéré par sa propre grivoiserie. Lorsque nous arrivons, l'orchestre se met à jouer et deux jeunes hommes efféminés commencent à danser ensemble. C'est là le paroxysme de la soirée, la chose indescriptible à laquelle nous avons la chance d'assister ! À chaque fois que de nouveaux clients pénètrent dans le lieu, les deux garçons bondissent sur leurs pieds. Trop horrifiés pour pouvoir supporter ces mœurs légères plus longtemps, nous avalons notre ginger ale, fuyons dans la nuit, et « dans la longue rue silencieuse, l'aurore aux sandales d'argent, telle une fillette craintive, se glissa[6] », pour reprendre les mots d'Oscar Wilde.

Le professeur Einstein a téléphoné ce matin. Il vient de rentrer d'Hollywood et m'invite à dîner chez lui. Les indications qu'il m'a données pour rejoindre son appartement ne sont pas claires et je peine à trouver sa rue. Nous arrêtons donc notre voiture pour nous renseigner auprès des passants. Mais personne ne semble connaître cette adresse. J'ai enfin une idée :

6. Vers extraits de *La Maison de la courtisane*, poème d'Oscar Wilde, traduction de Bernard Delvaille, in *Œuvres*, Bibliothèque de la Pléiade, Gallimard, 1996.

– Pouvez-vous me dire où vit le professeur Einstein ?

– *Ach, ja!* me répond-on immédiatement, en m'indiquant la direction à suivre.

J'ai du mal à m'imaginer dans quel cadre le professeur Einstein peut bien vivre, sa personnalité ne correspondant à aucun environnement prédéfini : il semble en effet détaché de tout.

Son appartement est petit et modeste, le chez-soi confortable de n'importe quel ouvrier. Je reconnais le salon que j'ai vu en photo dans des magazines.

Je vais tenter de vous dresser un portrait de ce grand homme : son regard semble pouvoir discerner la simplicité de toutes choses ; son front est dépourvu de rides ; on sent qu'il a mis de côté toutes les complications superficielles de l'esprit qui obscurcissent notre vision des choses, pour ne distinguer que l'essentiel ; sa voix résonne comme un murmure inspiré. De sa personnalité se dégage une certaine chaleur.

Je me rappelle avoir été nerveux, soucieux et impressionné lorsqu'il m'avait rendu visite à Los Angeles. Mais dès l'instant où il avait franchi le seuil, il m'avait mis à mon aise. J'avais aussitôt eu le sentiment d'avoir devant moi quelqu'un d'humain et de bienveillant. Sa simplicité est désarmante, et on finit par oublier le professeur, l'homme de sciences illustre, pour accueillir un ami sympathique, au regard pétillant et doté du sens de l'humour – subtil et paisible avec ça.

Après le dîner, j'avais organisé un spectacle à son intention – un ballet d'enfants japonais. Une petite fille me présenta son cahier à autographes : je lui fis un dessin comique figurant mes godillots. Puis la petite fille murmura :

– Le professeur va-t-il le signer ?

Celui-ci sourit, s'empara du cahier et, avec un gloussement, crayonna l'une de ses équations de géométrie.

– Le vôtre est plus intéressant, dit-il avec humour en comparant les deux croquis.

– Sans doute plus compréhensible par la petite fille, par moi, et par bien d'autres encore, dis-je en riant.

En arrivant chez lui, je suis présenté à sa famille. Il a un fils et une fille – cette dernière est un excellent sculpteur, dont on me montre certaines pièces. Mais personne n'ose rien admirer dans la demeure d'Einstein…

– C'est magnifique, dis-je cependant, en pointant du doigt l'un de ses travaux.

– Vous le voulez ? Je vous l'offre.

Je décline vigoureusement et comprends qu'il me faudra à l'avenir avoir plus de retenue dans mon émerveillement.

Nous nous asseyons autour de délicieuses tartes préparées par Mme Einstein. Durant la conversation, leur fils définit la psychologie de la popularité de son père et de la mienne :

– Vous êtes célèbre car vous êtes compris par les masses. La renommée du professeur, elle, vient du fait que ces dernières ne le comprennent pas.

Mme Einstein me fait part de nombreuses anecdotes concernant son mari et me donne quelques indications sur sa personnalité. Quand il ne travaille pas, il est extrêmement paresseux et se prélasse sur son bateau – la voile est sa marotte.

L'une des histoires intéressantes à laquelle j'ai droit remonte à quelques années.

Cela faisait alors plusieurs jours qu'il travaillait, seul, dans son bureau, de façon assidue. Un matin, il s'assit devant le piano du salon, faisant courir nerveusement ses doigts sur les touches. Soudain, il se tourna vers sa femme :

– Tu sais quoi, j'ai une formidable idée ! lui dit-il avec tout l'enthousiasme d'un écrivain qui aurait découvert la trame de son prochain roman.

Puis il se leva, regagna son bureau dont il ne sortit que deux jours plus tard, brandissant des papiers et des données qui allaient ébranler le monde des sciences : il s'agissait de sa théorie de la relativité.

Toute la conversation finit par tourner autour d'un sujet : la crise mondiale.

– Nous vivons des temps dangereux, avec la récession et le chômage qui augmente, dit-il.

–Pourtant, la plupart des hommes avisés rétorquent invariablement que tout cela a déjà eu lieu et que l'histoire ne fait que se répéter. Il y a quelques jours, un éminent homme d'affaires m'expliquait que l'Angleterre pensait ne jamais pouvoir régler sa dette après la bataille de Waterloo, à cause de la faiblesse des échanges commerciaux d'alors. Mais apparut la vapeur, qui donna naissance à de nouvelles industries. Puis l'électricité se développa, qui remit les hommes au travail. Les crises reviennent périodiquement, souligna ce financier, mais de nouvelles entreprises, telles celles de l'automobile ou de la radio, surgissent et résolvent le problème.

Le professeur Einstein m'écoute avec attention, ce qui m'encourage à poursuivre :

–Mais aujourd'hui, l'histoire ne se répète pas. La résolution des précédentes crises économiques fut sans doute due aux inventions et aux nouvelles entreprises. Or, le besoin de main-d'œuvre ayant rapidement décru ces derniers temps à cause des machines modernes, ces nouvelles entreprises – quelles qu'elles soient – ne verront plus l'utilité de ladite main-d'œuvre, autrefois indispensable à leur développement. Et comme la seule façon dont l'homme peut consommer ce que les machines produisent est de travailler, notre problème est donc différent.

–Quel que soit notre problème, un changement est nécessaire pour éviter à l'humanité de mourir de faim.

–Le monde des affaires a accueilli à bras ouverts le changement industriel majeur qui a remplacé la main-d'œuvre par les machines, ce qui a diminué le coût des marchandises. Mais il s'érige contre tout changement fondamental du système capitaliste, qui ferait baisser le coût de l'argent et faciliterait ainsi l'achat de ces marchandises bon marché. Il insiste pour maintenir l'étalon-or, tout en pratiquant le crédit, utilisant ainsi ces deux ressorts comme moyen d'échange. Il se sert du crédit pour le développement commercial afin d'augmenter les valeurs, qu'il fait finalement chuter en réduisant soudain ledit crédit et en alignant lesdites valeurs sur l'étalon-or. Ces deux moyens d'échange – le crédit et l'or – ne stabiliseront jamais les prix, puisque le crédit est plus flexible que l'or. D'autre part, la valeur de toutes les entreprises construites sur le crédit sera toujours à la merci de l'étalon-or, qui pourra la faire baisser à volonté.

Le professeur sourit :

–Vous n'êtes pas un comédien, mais un économiste ! Et comment résoudriez-vous tout cela ?

–Par trois mesures : la réduction du temps de travail, l'émission de davantage de billets de banque et le contrôle des prix.

–Je ne suis pas foncièrement intéressé par la mathématique des affaires, dit-il en souriant, mais je suis convaincu que chaque être humain devrait être habillé, nourri et logé décemment, car il y a assez de richesses pour tout le monde.

Avant de nous séparer, nous échangeons des photos. Il signe l'une d'elles – de lui et moi en Californie – ainsi : « À Charlie, l'économiste. »

En retour, je décide de lui en dédicacer une. Malgré tous mes efforts, je ne trouve rien à écrire. Il vient à ma rescousse :

– Pourquoi pas : « *Et tu, Brute ?*[7] » dit-il en souriant.

– La modestie m'en empêche, lui dis-je sur le ton de la plaisanterie.

Et je signe, comme suggéré, d'un : « Au professeur Einstein. *Et tu, Brute.* »

Cette merveilleuse soirée est la dernière que je passe à Berlin ; demain, je pars pour Vienne. À mon retour à l'hôtel, Sir Philip Sassoon m'attend.

G. doit souper avec nous, j'enfile donc à la hâte une tenue de soirée. Nous dînons à l'Adlon et dansons aux accents du tango.

G. est très belle. Lorsque je l'ai vue danser la première fois, j'ai été stupéfié par son charme extraordinaire, son

7. *Jules César*, William Shakespeare, acte III, scène 1 : « Toi aussi, Brutus ? » Il s'agit, pour Shakespeare, des derniers mots prononcés par Jules César au moment de son assassinat, dont le coup fatal fut porté par son ami Brutus (la formule traditionnellement attribuée à Jules César est « *Tu quoque mi fili* », Suétone). Cette expression latine est employée pour invectiver celui qu'on accuse de trahison.

sens du rythme, son expression fantasque. Elle sait que je suis sensible aux nuances et aux subtilités de sa façon de se mouvoir.

Après le départ de Sir Philip, G. et moi nous asseyons et discutons ; je tente de définir les qualités de son art.

– Par votre manière de danser, vous semblez exprimer une solitude exotique, vous paraissez être à la recherche d'une beauté étrange. Ceci participe de votre véritable personnalité.

G. me prend la main.

– Charlie, me répond-elle en cherchant ses mots, je vous aime. Vous n'êtes pas avare d'éloge. Nous ne nous reverrons sans doute jamais, et je ne le regrette pas. Car nous avons la chance de nous être rencontrés lors de nos pèlerinages respectifs. C'est bon de savoir que vous faites partie de la vie, que vous en êtes un élément vigoureux.

Voilà G. et sa philosophie.

Le lendemain, je retrouve Sir Philip qui rentre en Angleterre et, à midi, nous partons pour Vienne.

Je suis à nouveau accueilli par une foule considérable – ces rassemblements semblent de plus en plus importants et de plus en plus démonstratifs. Que Dieu bénisse tous ces gens ! Cette fois-ci, je suis porté en triomphe en dehors de la gare. Impossible de rester soi-même dans ces occasions : on paraît toujours idiot et inquiet !

Plus on avance et plus je perds l'équilibre ; je suis finalement projeté dans une voiture de tourisme, suivi par mon secrétaire et Kono. Et nous voilà partis, agitant la main et klaxonnant pour nous frayer un chemin à travers la foule.

Vienne est triste. La gaieté l'a abandonnée. C'est une ville d'autrefois. En déambulant le long des vastes avenues et des larges rues pavées, je compte une pléthore de « cafés », comme on les appelle ici. Les gens y commandent une tasse de café et passent des heures assis dans ces endroits, à rédiger leur correspondance ou à faire du négoce. Pour beaucoup, ce sont des lieux de rendez-vous.

Une fois à l'hôtel, je suis conduit dans un magnifique appartement, la suite royale. Les pièces sont immenses et hautes de plafond, peintes en blanc et décorées dans le style rococo. C'est impressionnant au début, lassant à la longue.

J'entreprends d'aller faire des courses, mais sans être escorté. Lorsque mon secrétaire et Kono m'accompagnent, ils ne semblent capables que d'une chose : attirer l'attention. Ils marchent en m'encadrant, comme si j'étais en état d'arrestation. Je décide donc de partir seul. Je déambule dans la ville. Si j'étais aux prises avec le *cacoethes scribendi*[8], je pourrais me laisser aller à de

8. Locution latine utilisée par le poète Juvénal (Ier siècle ap. J.-C.) dans les *Satires*, désignant un désir permanent et insatiable d'écrire.

nombreuses pages de ravissement rhétorique vantant les beautés de Vienne. Mais je vous épargnerai, cher lecteur déjà à la peine, tout délayage délibéré.

Je me retrouve sur un pont enjambant le Danube. Je comprends alors le charme de Vienne, qui a dû être une ville merveilleuse avant la guerre. Puis j'emprunte une avenue sans fin, bordée de magasins et de brasseries en plein air. Parfois on me reconnaît, mais sans que cela ne provoque d'attroupement.

Il y a une psychologie de la formation de la foule. Il m'arrive de me promener sur des artères principales en y étant à peine remarqué : les gens me jettent un regard, se poussent du coude et reprennent leur chemin. Mais si une jeune fille excitée lance un « Oh, regardez, c'est Charlie Chaplin ! », la foule peut aussitôt se faire l'écho de cet emballement et se masser autour de moi jusqu'à ce qu'il me faille prendre un taxi. Mais aujourd'hui, j'ai de la chance et peux tranquillement profiter de ma promenade.

J'ai un programme chargé cet après-midi : je visite les appartements pour ouvriers – construits par le gouvernement, leur loyer très modeste ne rapporte quasiment rien à l'État –, je fais un tour au musée et au palais de feu l'empereur, dîne avec deux charmantes dames puis me rends au théâtre. Nous terminons la soirée dans un cabaret. Je danse le tango à plusieurs reprises et m'amuse beaucoup jusqu'au moment où nous sommes assiégés par l'une de ces jeunes filles excitées dont je parlais à l'instant. J'ai droit à un véritable feu d'artifice. Elle est hongroise.

–*Ach*, voici un immense artiste, annonce-t-elle, faisant mon panégyrique à grand renfort de superlatifs.

Généralement peu enclin à la fausse modestie, là, je suis vraiment mal à l'aise. La jeune fille se jette soudain à mes pieds, et dans un geste grandiloquent, attrape ma main et l'embrasse. Alors que je tente de me défaire de son emprise, elle me tire brusquement et me fait perdre l'équilibre : je m'affale de tout mon long sur elle.

Il me faut préciser que je suis parfaitement sobre, n'ayant pas bu un seul verre. Mais à la façon dont le propriétaire des lieux m'aide à me relever, je comprends qu'il pense le contraire.

– Tout va bien, M. Chaplin, tout va bien.

Ressentant la nécessité d'une explication, je tente de le convaincre de mon abstinence. Rien à faire, il insiste :

– Je vous en prie, M. Chaplin.

Tout cela me contrarie et je m'en vais avec la ferme résolution de ne plus jamais remettre les pieds dans un cabaret.

Le lendemain, je rencontre Oscar Straus[9], le compositeur du *Soldat de chocolat*, entre autres. Il souhaite

9. Oscar Straus (1870-1954), compositeur autrichien naturalisé français en 1939, qui fut essentiellement connu pour ses opérettes et ses opéras-comiques.

organiser une fête en mon honneur, ce qui n'est pas possible puisque je quitte Vienne demain et que je dîne ce soir à la Légation britannique.

Plus de trois cents invités sont présents, tous parés de leurs plus beaux atours et de leurs décorations. Vienne s'évertue à retrouver un peu de sa splendeur d'antan, ce qui ne fait qu'accentuer sa tristesse. Règne une atmosphère de distinction élimée – des vieilles familles autrichiennes désargentées font d'héroïques efforts pour maintenir les apparences. De nombreux visages portent le récit d'histoires.

Je rencontre, au cours de la soirée, des membres de la légation française qui me transmettent un message de Paris : M. Briand[10] a exprimé le désir de faire ma connaissance et souhaite m'inviter à déjeuner lors de mon passage dans la capitale.

J'avais l'intention de faire un long voyage à travers l'Italie avant de me rendre en France, mais je change mes plans à cette nouvelle et décide de rejoindre Paris après mon séjour à Venise, ma prochaine destination.

Les bagages sont bouclés et nous partons bientôt. La politesse règne partout ici : le directeur de l'hôtel, les serveurs, les porteurs sont tous très aimables, même envers l'homme de la rue. Je suis triste à l'idée de les quitter.

10. Aristide Briand (1862-1932) était alors ministre des Affaires étrangères.

Le nord de l'Italie, c'est une Californie miniature et âgée. Je suis impatient de découvrir Venise et je me demande si elle saura répondre à mes attentes. J'ai tant entendu parler des soirées au clair de lune, de la musique et des gondoles.

Je dors à poings fermés lorsque nous traversons la frontière. Un officier italien me glisse un message : « Mes compliments, Charlie, voici mon adresse. Envoyez-moi un autographe. Je n'ai pas voulu vous réveiller, alors au revoir. »

Nous voici enfin à Venise. Le tempérament latin y est à son apogée : en descendant du train, je suis entraîné par un fervent admirateur, un jeune homme d'environ vingt ans, qui prend en charge ma sortie de la gare ; quatre hommes me portent sur leurs épaules, mais mon poids n'est pas également réparti. Le plus gros du fardeau reposant sur le jeune homme, je le sens qui tente de modifier légèrement sa position : il ne parvient alors qu'à augmenter le poids qu'il supporte. J'essaie de lui expliquer qu'il devrait me laisser descendre et marcher. Mais non ! Il insiste. Notre destination me semble inaccessible. Ne sachant s'il me comprend, je lui fais des signes, mais il s'obstine. Pauvre gars ! Il transpire et grogne sous la charge fatiguée que je représente. Je demande aux trois autres de répartir le poids plus équitablement, mais ils ne parviennent qu'à me rendre plus lourd encore pour le jeune homme. Il a les clavicules

les plus acérées sur lesquelles je me suis jamais assis ! Échangez-moi donc ces clavicules italiennes contre des clavicules autrichiennes ! Ces dernières sont plus charnues !

Plus que huit cents mètres entre la gare et le canal ; je me résigne donc à laisser le jeune gars périr sous le poids de son insistante volonté. Mais il y a un espoir : il a cessé de lancer des hourras, son souffle devient court ; je le supplie à nouveau, avec plus de succès cette fois-ci. Écœuré, il me laisse alors tomber et, sans un au revoir, rejoint la foule en se frottant la nuque – paralysée. Pauvre homme ! J'ai le sentiment d'avoir perdu un fervent admirateur.

La première vision d'un canal est époustouflante. Sa couleur et la beauté de son architecture sont au-delà des mots. On ne peut que s'asseoir pour le contempler en silence, impressionné par sa splendeur. Celui que j'aperçois en premier est bordé d'une foule qui crie et applaudit à notre passage. De tous côtés, retentissent des « Tchaows » – leur manière de saluer. Je me mets donc moi aussi à « tchaower ».

Nous arrivons enfin à l'hôtel. Mon secrétaire et Kono sont retournés à la gare pour s'occuper de nos bagages, entre autres. Je suis seul.

Je ne sais pourquoi, mais ce séjour se teinte soudain d'une parfaite futilité. Peut-être à cause de mon état nerveux. Je suis épuisé. Je me trouve dans une ville que je ne connais pas, à me demander: « Pourquoi suis-je ici? » J'aimerais être chez moi, en Californie, et me remettre au travail. Quel misérable animal que l'homme! Il n'est heureux, semble-t-il, qu'accablé par la tâche.

Ma chambre se trouvant au premier étage, la foule amassée à l'extérieur peut m'y apercevoir. Je sonne le valet et lui demande de tirer les rideaux. Retentit alors un murmure de déception – « Oh… », comme lorsqu'une pellicule se rompt pendant une séance de cinéma. Je fais donc une dernière apparition au balcon, dans l'espoir que la foule se dissipera.

Mes nerfs sont à vif. Ces manifestations sont un immense hommage, j'en ai conscience, mais tout le monde éprouve parfois l'envie d'être seul. J'ai souvent réfléchi à ma célébrité et n'ai jamais été impressionné par son ampleur. J'ai la chance que mon outil de travail bénéficie d'une vaste diffusion. Ce qui me marque, c'est la nature de ma popularité, qui inspire de l'affection plus que de l'admiration.

Quelqu'un me fit un jour remarquer:

–Cela vous fait quoi, Charlie, de rencontrer tant de visages souriants? Vous croisez rarement des mines attristées.

Les rues de Venise sont aussi belles que ses canaux. En déambulant dans le labyrinthe de ruelles sinueuses

– certaines si étroites que trois personnes seulement peuvent y avancer de front –, on débouche sur des places médiévales, au centre desquelles se dresse généralement une vieille église. Il est minuit, et à la lueur tamisée des lampadaires, on distingue des silhouettes emmitouflées qui passent dans l'ombre. Un flot de lumière jaillissant d'un porche ou d'un restaurant éclaire parfois une rue.

Des groupes de jeunes gens discutent avec animation à chaque croisement. Les Italiens aiment parler. Je demande à mon ami de me traduire leurs conversations ; voilà l'une des phrases qu'il a saisies :

– L'art est le traitement que l'on applique à l'œuvre et n'a rien à voir avec le sujet retenu.

Je me couche ce soir-là plein d'une confiance en la vie et d'une foi passionnée pour le peuple italien.

Le lendemain, je prends le thé avec le consul britannique et sa charmante femme. Puis je visite les prisons et les oubliettes situées sous la lagune. Ces lieux ne sont pas si horribles que ce à quoi je m'attendais. Autrefois, les murs des cellules étaient lambrissés de bois, ce qui les rendait beaucoup moins lugubres que celles de nos bons vieux cachots de la Tour de Londres.

Ce soir, nous sommes les invités d'une troupe en tournée qui joue dans un théâtre de la ville. Nous profitons du privilège qui nous est donné d'organiser un dîner dansant dans le foyer. Venise est très stricte sur les permis qu'elle accorde aux musiciens : aucun concert ne peut se dérouler dans les lieux publics après une certaine heure – peu tardive – de la soirée.

Espiègles, nous faisons tourner le phonographe jusqu'à minuit et demi. Je suis étonné que de telles règles existent en Italie et choqué que le tempérament latin accepte l'existence de restrictions de ce genre, lesquelles sont déjà déplaisantes en Angleterre et dans certaines régions d'Amérique.

Le duc et la duchesse de Westminster sont à bord du train qui me mène de Venise à Paris. Nous sommes présentés. Grand et vigoureux, le duc est un bel homme aux manières affables. La duchesse, elle, est l'incarnation de la grâce et de la beauté. Ils m'invitent dans leur maison de Normandie à une partie de chasse au sanglier ; je dois leur faire signe dès que j'aurai l'intention de quitter Paris.

Cami[11], l'humoriste, m'a écrit qu'il m'attendrait à la gare. Cela fait dix ans que je ne l'ai pas vu. Depuis, il a, m'a-t-il annoncé dans sa lettre, appris un peu d'anglais.

Paris ! Apparition de la foule, intervention des gendarmes, étreinte de Cami, rupture des cordons de sécurité, reflux de la foule, course à la limousine, claquements de portières, protestations des photographes,

11. Cami (1884-1958), écrivain français, dont Charlie Chaplin disait de lui qu'il était « le plus grand humoriste du monde ».

manifestation de la police, coups de klaxons, changement de vitesse, et nous voilà partis !

Je m'assieds au fond de l'auto avec un soupir de soulagement. Cami me parle, mais je suis trop fatigué pour l'écouter. Mes nerfs sont à vif une fois encore. Je découvre que son anglais est aussi bon que mon français, c'est dire… Mais nous nous en sortons parfaitement bien grâce à la pantomime.

Mon agent français, M. Guy Croswell Smith, m'accompagne au déjeuner avec M. Briand, qui est prévu à une heure. Ayant un peu de temps devant nous, nous visitons le tombeau de Napoléon. Il est difficile de se rendre compte que repose dans ce cercueil de marbre l'homme au destin le plus dramatique qui soit. Car, pour ce qui est du drame pur, Napoléon se place là ! En jetant un œil par-dessus le balcon, me revient en mémoire le vers de l'*Élégie*[12] de Gray : « Au tombeau seul nous mènent les chemins de la gloire. »

Le déjeuner a lieu au ministère des Affaires étrangères. Dès mon arrivée, je suis présenté à de nombreuses personnalités, dont la comtesse de Noailles[13], la célèbre

12. Il s'agit de l'*Élégie écrite dans un cimetière de campagne*, du poète anglais Thomas Gray (1716-1771).

13. La comtesse Anna-Elizabeth de Noailles (1876-1933), poète et romancière française d'origine roumaine et grecque, tenait à Paris un salon qui attirait de nombreuses personnalités intellectuelles, littéraires et artistiques de l'époque.

poète. C'est une petite dame alerte, à l'esprit pétillant et dont les gestes rappellent ceux d'un oiseau. Sont aussi présents, entre autres, le secrétaire général du Quai d'Orsay, M. Berthelot – c'est lui qui me décorera quelque temps plus tard –, M. Bailby, alors rédacteur en chef de *L'Intransigeant,* la princesse Murat, le prince et la princesse de Bourbon, M. Rothschild. M. Briand – un petit homme délicat, aux épaules arrondies, dont les traits trahissent ses lourdes responsabilités – arrive quelques instants plus tard. Sur son visage, l'expression d'un humour enfoui et d'une lasse résignation. Lui fait défaut le panache de Lloyd George. Briand a par ailleurs une mine tragique. Malheureusement, il ne parle pas anglais. Au moment de porter un toast, il se tourne vers la comtesse :

– Je bois à votre futur et je bois au présent de M. Chaplin.

Il semble en pleine forme. Durant le déjeuner, il fait remarquer à la comtesse :

– Je vous vois trop peu en ce moment. Votre présence est aussi rare que celle d'une maîtresse mise à l'index.

Après le déjeuner, nous nous asseyons et discutons.

– M. Chaplin, vous êtes un véritable poète, me dit la comtesse.

– Un poète sans vers, lui réponds-je en souriant.

– Bien au contraire, vos vers sont émouvants, précise-t-elle avec calme.

–Pourquoi les sujets de vos films sont-ils si tristes? me demande quelqu'un. Je suppose que vous aimez le tragique, comme tous les comiques?

–Pas vraiment, lui réponds-je. En réalité, la tragédie me déplaît: la vie est assez triste comme cela. Je n'utilise le pathos que pour rendre la beauté, celle-ci recelant une grande part du tragique.

À mon retour à l'hôtel, une lettre anonyme m'attend, qu'un ami me traduit:

« Cher Monsieur,

Permettez-moi de vous remercier pour toute la joie que vous avez insufflée à ce vieux monde triste. J'ai lu que vous deviez bientôt être décoré. On m'a remis la Légion d'honneur durant la guerre; aujourd'hui, je vous la cède, n'ayant plus d'utilité à la détenir puisqu'il ne me reste que peu de temps à vivre. D'ailleurs, je serai probablement mort quand vous recevrez mon courrier. C'est mon désir le plus vif que vous gardiez cette décoration comme le témoignage de ma reconnaissance pour tout le bien que vous avez fait à l'humanité. Personne ne mérite plus de la porter que vous. »

Je suis très ému. Malheureusement, il nous est impossible de trouver le nom ou l'adresse de l'expéditeur.

Ce soir, je dîne paisiblement avec le comte LeMuir avant d'assister à la répétition d'une revue aux Folies Bergère.

J'ai appris qu'Alfred Jackson, l'un de mes anciens partenaires, y travaillait avec ses danseurs. Enfants, nous avions tous les deux fait partie de la troupe de son père, The Eight Lancashire Lads.

En arrivant aux Folies Bergère, je tombe sur le père de Jackson. Après de chaleureuses retrouvailles, nous évoquons le passé :

– Je me souviens du premier rire que tu as déclenché, mon garçon, me dit-il.

Puis il nous raconte l'incident qui s'était déroulé au London Hippodrome. J'avais alors environ huit ans. Nous avions été engagés pour jouer des rôles de chats et de chiens dans la pantomime intitulée *Le Chat botté*. J'étais habillé pour ma part en chien. C'était la première. Désirant être le plus naturel possible dans mon imitation de la race canine, j'arrivai sur scène en rampant et décidai de me lancer dans une gestuelle d'un réalisme absolu, répondant à ce que mon âme d'enfant sensible avait pu observer chez les petits chiens. Un tumulte monta de la salle. Encouragé par les rires et les commentaires du public, j'allai plus loin et me mis à renifler avec application les autres petits chiens – là encore avec un réalisme prononcé, qui déclencha un nouvel éclat de rires. Je flairais puis jetais soudain un coup d'œil au public : cela plaisait énormément.

Le masque que je portais avait une expression de surprise. À chaque reniflement, le public riait et je levais la tête dans sa direction. Une sorte de rythme s'installa dans l'enchaînement entre les rires, les regards et les reniflements, ce qui plongea l'assistance dans un état d'hystérie. Ravi, je me sentais pousser des ailes quand mon attention fut soudain dirigée vers les coulisses: M. Jackson et plusieurs messieurs en chemises à plastron blanc manifestaient violemment leur désapprobation en secouant leur tête et en m'incitant par leurs gestes à quitter la scène.

Dérouté et quelque peu découragé, je m'éclipsai, la queue entre les jambes, au son des rires et des applaudissements.

–Mais que diable fais-tu là? me demandèrent-ils. Si tu continues ainsi, la police fermera le théâtre.

Après un tel succès, je les trouvai tous ingrats.

–Ah, conclut M. Jackson, tu étais un gamin fantasque à l'époque. J'ai toujours pressenti que tu avais du potentiel.

–Je devais être un bien sale môme, lui dis-je en riant.

–Pas du tout, me répond Jackson, tu étais aussi doux qu'une fillette.

M. Jackson est un magnifique vieillard. À plus de soixante-dix ans, il est toujours aussi radieux et vigoureux. Il a peu changé et il continue de diriger activement des troupes de danseurs et de dénicher de nouveaux talents. Son enseignement a jeté les bases de ma carrière. C'était un excellent professeur, un homme juste et bon.

Le roi des Belges[14], qui est à Paris, a émis le désir de me rencontrer. Le rendez-vous est fixé à trois heures, à l'ambassade de Belgique.

À notre arrivée, le roi revient tout juste d'une entrevue officielle. On nous fait attendre dans un coin sombre du hall d'entrée. Soudain, la porte de l'un des cabinets s'ouvre sur une grande silhouette courbée, sans veste et aux bretelles défaites. En nous tournant le dos, elle remonte le couloir d'un pas lent et préoccupé. Elle nous aperçoit au moment d'entrer dans un autre salon, dans lequel elle s'engouffre immédiatement. Nous avons bien une idée sur l'identité de ce monsieur, mais n'en laissons rien paraître. L'un des émissaires nous annonce que le roi va sans doute changer de tenue, comme il le fait généralement quatre ou cinq fois par jour en fonction de ses obligations officielles. Une minute plus tard, paraît l'ambassadeur belge. Je signe le livre des visiteurs et suis conduit devant Sa Majesté. Après avoir fait les présentations, l'ambassadeur nous quitte, nous laissant seuls, le roi et moi.

Le monarque me désigne un fauteuil, en approche un pour lui et m'invite à m'asseoir. Il est très grand, a un

14. Il s'agit d'Albert Ier (1875-1934).

visage bienveillant et ses manières sont mesurées. Sa taille imposante souligne sa dignité royale. Malheureusement, mon siège est très bas et, en approchant le sien – qui est très haut – si près du mien, le roi accentue considérablement notre différence de taille. Mon nez arrive aux genoux de Sa Majesté.

Puisqu'elle reste silencieuse, je comprends qu'il me faut débuter notre conversation :

– C'est un immense honneur et un grand plaisir de vous rencontrer, Votre Majesté.

Le roi ne répondant que d'un simple signe de la tête, je suis embarrassé.

– Je suppose que vous ne resterez pas longtemps à Paris.

– Non, dit-il calmement.

Je poursuis :

– D'après ce que je comprends, vous êtes venu en avion.

– Oui, répond le roi.

D'une voix de plus en plus faible, perdant le peu d'assurance qu'il me reste, je continue :

– C'est formidable, vraiment formidable. J'aime beaucoup prendre l'avion, oui, j'aime beaucoup cela. C'est tellement sensationnel et excitant !

Je ne parviens pas à parler d'autre chose et ajoute, les mains jointes comme pour prier et le regard pensivement tourné vers la fenêtre :

–Oui, l'aviation est appelée à durer. Et l'avion s'imposera.

Cette dernière phrase me trouble: suis-je censé parler aviation ou cinéma parlant?

Sa Majesté me dévisage étrangement. Je lui adresse un pâle sourire:

–Vous devez être un homme extrêmement occupé en ce moment.

J'ai alors le sentiment d'avoir été trop familier. Était-il approprié que j'utilise le mot « homme »? En même temps, il était impossible de lui dire: « Vous devez être un roi extrêmement occupé en ce moment. »

Faisant mine de ne pas m'avoir entendu, Sa Majesté me demande:

–Réalisez-vous tous vos films en Californie?

–Oui, Monsieur, réponds-je avec hâte.

–Ne serait-il pas possible que vous les réalisiez désormais n'importe où dans le monde, depuis l'avènement des droits moraux et de tous les dispositifs photographiques que vous avez développés?

–Oh si!

La glace ayant été brisée par cette remarque, la conversation devient plus aisée. En sus du cinéma, nous parlons d'art, de littérature et de science, sujets sur lesquels le roi a des points de vue des plus stimulants.

Au moment de me retirer, je suis à nouveau un peu dubitatif quant à l'étiquette à respecter. Enfant, on m'a appris qu'il fallait prendre congé d'un membre de la famille royale à reculons. Étant seul, cela me semblerait grotesque. Je trouve donc un compromis et rejoins la porte tel un crabe, cherchant à tâtons la poignée en même temps que je fais mes adieux à Sa Majesté.

TROISIÈME PARTIE

LADY DETERDING[1], QUI SÉJOURNE AU CRILLON, organise une réception où musique russe, caviar, vodka et champagne sont de mise. Ce grand événement réunit le Tout-Paris – princes, barons, comtes, ducs, lords, etc.

Le dîner est une véritable réussite. Tout au long de la soirée, les musiciens portent un toast à chacun des invités, qui doit alors boire d'un trait son verre de champagne au moment du refrain. Il me faut préciser que je ne suis pas un grand buveur. Or, on m'a prévenu que deux convives ont décidé de me saouler: ils ont soudoyé les musiciens pour que ceux-ci trinquent régulièrement à ma santé, m'obligeant ainsi à vider mes coupes de champagne. Avant le dîner, je demande de mon côté au serveur qui s'occupera de moi de remplacer le champagne par du ginger ale.

Personne n'est au courant du subterfuge et j'avale donc près de neuf grands verres de ginger ale d'affilée. Les comploteurs, qui ignorent que j'ai moi aussi cons-

1. Épouse de Sir Henri Deterding, riche homme d'affaires néerlandais, fondateur de la compagnie pétrolière Shell.

piré, sont très impressionnés par ma résistance. Ayant insisté pour qu'ils m'accompagnent à chaque toast qui m'est porté, au neuvième verre, ils sont anéantis.

Nous sommes mercredi soir et je dois partir en Normandie avec le duc de Westminster pour une partie de chasse au sanglier. Je me rends à son hôtel afin d'organiser le voyage et y rencontre un ami du duc, Sem[2], le célèbre caricaturiste. Puisqu'il ne parle malheureusement pas l'anglais, je dois me contenter de la traduction de ses propos.

On peut dire qu'il est très petit, puisqu'il mesure quelques centimètres de moins que moi. Ayant appris qu'il avait déjà assisté à l'une de ces parties de chasse, je lui demande s'il se joindra à nous : il secoue aussitôt la tête et répond non avec fermeté. Je ne comprends pas la signification de son refus sur le moment – je n'en apprécierai la juste valeur qu'après ma propre expérience, qui sera éprouvante.

Nous quittons Paris, dînons à bord du train et arrivons en Normandie dans la soirée. Deux heures de route, dans un froid pinçant, séparent la gare du château du duc, une bâtisse d'environ seize pièces, meublée avec simplicité, désuète mais confortable. Nous sommes conduits dans une belle salle chauffée par un

2. Sem (1863-1934) était un dessinateur, affichiste, chroniqueur mondain français, qui travailla pour de nombreux journaux.

feu joyeux, où trône une table couverte de toutes sortes de victuailles appétissantes : de la charcuterie, des bouteilles à long cou…

Après le souper, nous prenons place devant la cheminée, nos whisky-sodas à la main, et mettons au point les plans pour le lendemain.

– Je n'ai jamais participé à une expédition de ce type, dis-je.

– Vous savez bien sûr monter à cheval ?

– À peu près, réponds-je avec hésitation, mais cela fait dix ans que je n'ai pas fait d'équitation. En vérité, je n'en ai presque jamais fait.

Soudain, je crois discerner une lueur d'inquiétude dans le regard de Sa Grâce.

– Mais je ne suis encore jamais tombé, poursuis-je d'un ton rassurant.

Et je me mets à rire, à gorge trop déployée sans doute.

Le duc m'explique le déroulement des opérations :

– Tout d'abord, des hommes partent à la recherche d'empreintes de sanglier. Ces dernières mènent généralement à une forêt, où l'animal se terre. La chasse peut alors commencer. Les chiens de meute sont lâchés à la poursuite de la bête et nous nous mettons à la traquer. Vous disposerez d'une dague, une sorte de lance en vérité, avec laquelle vous transpercerez l'animal si vous avez la chance de l'acculer.

– Bien, dis-je sans grande conviction.

–Pour ce faire, vous descendrez de votre cheval, en ayant pris soin de vous assurer que les chiens ont bien immobilisé l'animal.

–Je comprends, marmonné-je.

–Le sanglier est une bête féroce, et des plus dangereuses. S'il n'est pas fermement bloqué par les chiens, il risque de se remettre sur ses pattes et de vous attaquer.

–Ah vraiment ? dis-je la gorge serrée.

–Sachez que c'est un animal capable d'attaquer un cheval. Mais cela suffit, je parle trop. Nous n'en verrons peut-être aucun demain, ce qui vous décevrait.

–Oh point, réponds-je avec désinvolture.

–Trouvons d'abord la trace du sanglier, nous deviserons ensuite.

–Évidemment. Ne visons pas nos sangliers avant de les avoir pistés.

Nous prenons congé après être convenus de nous retrouver à six heures le lendemain matin.

Malgré le confort de mon lit, je ne ferme pas l'œil de la nuit. De nombreuses questions hantent mon esprit. Que se passera-t-il si jamais je me retrouve face à un sanglier ? Ma plus grande préoccupation cependant est de savoir si je vais pouvoir tenir sur un cheval. Plus j'y pense, moins j'ai d'affection pour cet animal. Je n'ai jamais compris l'attachement sentimental que les hommes lui portent. Je pourrais évoquer chacun de mes accidents d'équitation. Ainsi, par exemple, je me souviens avoir loué, un jour, un cheval à Oldham, dont les rues sont pavées. Je descendais la rue principale au galop quand ma monture soudain glissa, ce qui me désarçonna. Le cheval retrouva son équilibre, tandis que je pendais au bout d'un étrier, ses sabots arrière manquant de peu ma tête. Les tramways s'arrêtèrent alors, les femmes se mirent à crier jusqu'au moment où je fus finalement sauvé.

Ces réminiscences agitent mon sommeil. Et au petit matin, je suis une épave : mes os sont douloureux, mes yeux brûlent, mon cerveau me fait l'effet d'un morceau de plomb placé au centre d'un espace vide, sensation qui me déséquilibre. Néanmoins, je suis heureux d'être libéré de la torture infligée par cette nuit mouvementée. En arrivant au rez-de-chaussée, on m'informe que la piste du sanglier a été trouvée.

Le duc est habillé en chasseur : un manteau rouge et une bombe luxueuse et solide. Je me sens un peu *de trop*[3], n'arborant pas la tenue appropriée – j'ai acheté à la hâte un pantalon d'équitation et des bottes, mais n'ai ni pardessus, ni couvre-chef. Le duc met donc à ma disposition ce qu'il faut. Je porte le petit manteau rouge de Sem, qui me coupe la respiration, ainsi qu'une bombe et un gilet appartenant au duc – il me faut préciser que ce dernier mesure près de 1,90 m et que son

3. En français dans le texte.

gilet me pend donc jusqu'aux genoux : quand j'attrape une allumette dans ma poche, je donne l'impression de remonter mes chaussettes ! Et les gants prêtés par le duc sont si grands eux aussi que je peux fermer mon poing à l'intérieur sans aucun souci. L'étroitesse du manteau de Sem donne au gilet un air de tutu : il dépasse en faisant des plis.

Ainsi accoutrés, nous sortons dans l'air matinal. Et quel air ! Je commence à apprécier la longueur du gilet, qui protège mes genoux du froid. Nous nous entassons dans les automobiles et parcourons à toute allure les soixante kilomètres qui nous séparent du lieu où les traces de sanglier ont été découvertes. Nous devons y rejoindre les chiens, les chevaux, ainsi que les autres invités.

Les choses ne se déroulent jamais sans difficulté dans ce genre d'occasions : il y en a toujours un qui s'égare et qui fait attendre tous les autres. Et c'est bien ce qui nous arrive. Alors que nous sommes à l'heure au point de ralliement, les chevaux et les chiens ne sont pas encore là. Les dix premières minutes d'attente se déroulent dans la bonne humeur, les dix suivantes sont ponctuées de protestations et de récriminations sur le froid. Après quarante minutes, l'inquiétude s'installe : mais où sont ces f… chevaux et chiens ?

Les voilà enfin. Un véritable tumulte s'élève soudain dans la campagne paisible : les chiens aboient et des

Français agités surgissent portant des trompes en bandoulière.

L'un d'entre eux, au visage strié de cicatrices, attire mon attention :

– Mais que diable est-il arrivé à ce pauvre bougre ?

– Un cheval lui est passé dessus, me répond-on.

Le duc s'approche alors :

– Suivez-moi. Je vais vous faire monter Flossie. C'est un vieux canasson calme.

– Il ne sera jamais trop calme pour moi, dis-je avec anxiété.

– Le voici, dit-il en désignant la bête.

Soudain Flossie se cabre, se met à ruer et à caracoler, puis se dirige vers moi comme pour me chasser du chemin. Mais je suis trop rapide pour l'animal : en moins de deux, je trouve refuge derrière l'une des voitures.

– C'est étrange, remarque le duc. Il n'a à l'évidence pas été échauffé.

– Eh bien, il l'est désormais ! réponds-je.

– Ne vous inquiétez pas, dit-il en riant. On va tenter d'arranger ça.

« Tenter » pensé-je en notant le verbe utilisé par le duc…

Sur ce, un autre cheval m'est présenté, qui semble mieux élevé que Flossie. Après avoir été mis en selle grâce à une courte échelle plutôt hésitante, j'ajuste le harnachement. Je n'ai jamais monté avec autant d'attirail : il faut prendre soin des lances, des cravaches, des rênes, que j'ai du mal à saisir avec les gants du duc…

Les journalistes et les caméramans, qui sont arrivés eux aussi, me prennent en photo. Maintenant que je suis en selle, je me sens à mon aise. Ils me regardent avec admiration – du moins est-ce le sentiment que j'ai. Je suis très détendu et souhaite les éblouir en leur donnant l'impression que je me suis déjà livré à cet exercice. Je jette un coup d'œil discret à mon gilet : même lui s'étale avec grâce sur le dos du cheval. « Si seulement je pouvais faire un départ digne de ce nom, tout serait au poil », me dis-je.

L'animal, qui n'a pas bougé depuis que je suis dessus, est occupé à grignoter des buissons. D'une secousse accompagnée d'un « Hue ! », je tente de le faire bouger. Mais il n'y accorde aucune attention. Conscient que les yeux des journalistes sont braqués sur moi, j'arbore une expression flegmatique, comme si j'avais changé d'avis.

Le secrétaire du duc s'approche de moi :

– Voilà comment faire : suivez le chien de meute ou le son du clairon et vous n'aurez aucun souci. Restez près de moi et tout ira bien.

– Je ferai de mon mieux, dis-je avec sincérité.

Nous sommes donc prêts. Le duc ouvre la marche. Nous nous mettons en route et nous lançons tranquillement dans l'allée principale. Je commence à vraiment apprécier la situation. L'éclat de la lumière matinale et les senteurs aromatiques montant de la terre me plongent dans un accord parfait avec la nature, les animaux et l'humanité. Je me tourne vers le secrétaire et lui demande pour plaisanter :

– Nous irons bien sûr plus vite que cela ?

– Oh, évidemment oui ! Quand retentira le clairon, répond-il en riant.

Sa remarque fait naître en moi une pointe d'incertitude, peut-être même d'anxiété.

Nous nous trouvons dans une zone ombragée de l'allée, bordée de magnifiques chênes, quand retentit une sorte de « Tata ta tah, tata ta tah ». Je me retrouve soudain avec les oreilles du cheval dans la bouche : l'animal, réagissant immédiatement au son du clairon, a démarré sur les chapeaux de roues. Je m'accroche à son encolure et entends quelqu'un me crier :

– Stop ! Vous avez perdu votre bombe et votre cravache !

Je m'en moque : ce qui me préoccupe est d'imaginer ce qui tombera ensuite !

Nous zigzaguons entre les arbres, esquivons les branches. Et nous voilà sortis de l'allée, à galoper en pleine forêt. Dans la confusion, j'aperçois une barrière juste devant nous. Le cheval aussi la voit : il s'arrête, mais pas assez brusquement pour que je lâche prise. Je continue donc à m'agripper à lui. L'arrêt est de courte durée :

avant même que je puisse dire ouf, l'animal repart en sens inverse.

En un rien de temps, je me rends ainsi compte que je suis un très bon cavalier: par miracle, je parviens en effet à me redresser sur la selle tout en menant, avec succès, plusieurs opérations – retrouver l'équilibre, éviter les branches et chausser à nouveau les étriers.

Après un sprint, nous rejoignons le secrétaire et lui coupons la route en pivotant devant lui:

–Je n'irais pas si vite à votre place, me dit-il.

–Dites cela au cheval, réponds-je.

Quelqu'un me tend alors ma bombe et ma cravache. Tandis que je réajuste ma cravate, voilà que je suis à nouveau – ou plus exactement, voilà que le cheval est à nouveau – lancé dans une course effrénée. Nous faisons des bonds dans un sens, puis dans l'autre. Mais je suis désormais en mesure de suivre le secrétaire.

Quand nous arrivons au sommet d'une colline, nous nous immobilisons pour regarder alentour et écouter. Comme j'aime ces pauses si douces, uniquement consacrées à la contemplation. Ce sont les seuls moments où je peux rassembler mes esprits.

–Avez-vous entendu quelque chose? me demande dans ces instants le secrétaire avec gravité.

–Je ne crois pas, réponds-je à chaque fois, feignant l'inquiétude et m'évertuant à avoir l'air intelligent.

Mais cet infernal clairon finit toujours pas retentir et les chiens par aboyer. Avec un enthousiasme débordant, nous reprenons alors notre chemin.

Et cela se répète pendant des heures.

Au moment du rassemblement, j'ai rencontré une Française charmante. À l'évidence, elle a participé à des chasses à courre toute sa vie – elle a ce teint hâlé des femmes de l'extérieur. Elle monte en amazone et excessivement bien de surcroît. Nous passons les deux dernières heures de notre partie de chasse ensemble. Au début, je trouve cela délicat de sa part. Au bout d'une heure, la situation m'irrite : elle est constamment derrière moi, ce qui m'interdit toute possibilité de me reposer. Dès que je me retourne, elle s'écrie :

– *Il est très gentil, n'est-ce pas*[4] ?

– Oh, *oui*[5], absolument, lui réponds-je avec un sourire mièvre.

Au bout d'un moment, je ne tiens plus droit : je me fais alors glisser d'un côté de la selle et l'enserre de mon mollet, ce qui soulage mon dos ; à intervalles réguliers, je change de flanc. C'est alors qu'arrive le duc :

– Cela semble mal parti aujourd'hui. J'ai l'impression que nous n'avons pas de chance.

4. En français dans le texte.
5. Idem.

Je dois avoir l'air malade car soudain, mon hôte s'exclame :

– Dites donc, mon vieux, vous avez l'air fatigué. Inutile de vous surmener. Vous feriez mieux de prendre ma voiture pour rentrer.

Il ne faut pas me pousser plus pour que je redescende vers la route et que je rejoigne ladite automobile, devant laquelle un journaliste attend, muni de sa caméra. « Il me faut faire bonne figure », me dis-je. Affichant un air enjoué, je jette ma jambe par-dessus la selle et saute à terre. Mais mes genoux fléchissent, refusent de se raidir, et je finis par chanceler. Les muscles de mon dos ayant été contractés pendant tout le temps passé à cheval, je ne les contrôle plus non plus. Je me relève pour à nouveau m'affaler. Mon Dieu ! J'ai dû me faire une scoliose ! Dans un effort surhumain, j'atteins le marchepied de la limousine juste à temps pour m'y asseoir. L'interview commence.

Première question :

– Avez-vous aimé cette partie de chasse, M. Chaplin ?

– Et comment !

Question suivante :

– Avez-vous vu un sanglier ?

Je pourrais lui faire une blague ; à la place, je secoue ma tête avec lassitude. Heureusement, le chauffeur vient à ma rescousse et me reconduit à la maison.

Le soir, nous nous installons devant la cheminée – pour ma part, du moins – et discutons des faits du jour.

–Nous n'avons vraiment pas eu de chance, mais cela fait partie du jeu, disent les invités.

« Si cela est un jeu, pensé-je, je préfère celui de puces. »

Mon unique ambition est soudain de regagner Paris et de prendre un bain turc. Après le dîner, je pars donc pour la capitale – je dois préciser qu'il est quatre heures du matin quand je quitte les mains du masseur.

À la réflexion, je semble peu reconnaissant à mon hôte pour sa délicate et généreuse hospitalité. Une touche d'exagération ponctue sans doute mon récit – simplement par goût de l'humour.

Je ne vous ennuierai pas avec les menus événements – factuels et relationnels – qui se sont déroulés durant mon séjour à Paris. Il y a eu des dîners dansants, des soirées au théâtre, au cabaret, ainsi que des excursions de tous types.

Ma prochaine destination: le sud de la France pour y retrouver mon frère qui vit là depuis six mois. Je suis invité chez Frank J. Gould[6]. Après neuf jours passés à

6. Frank Jay Gould (1877-1956), homme d'affaires américain qui participa à la transformation de la Côte d'Azur en un lieu en vogue, en y faisant bâtir plusieurs hôtels de luxe et casinos.

Paris, j'arrive donc sur la Riviera, le terrain de jeu du beau monde. Nice se trouvant à une nuit de voyage de Paris, on débarque sur la Côte d'Azur vers midi, et on y découvre la Méditerranée pour la première fois. Quel dommage que les rails de chemin de fer soient si proches de la mer : ils défigurent le littoral. Je suis un peu déçu par mon premier contact avec la région : elle semble surpeuplée, avec toutes ces maisons construites les unes sur les autres – rien à voir avec la Californie et sa côte sauvage.

Mon ami Frank Gould et sa femme, ainsi que mon frère Syd et sa famille, m'attendent à la gare. Je n'entrerai pas dans le détail de l'accueil que me réserve là encore la foule, ce qui émeut considérablement Frank :

– Cela doit te rendre très heureux d'être ainsi admiré.

Mais après le déjeuner, nous allons ensemble acheter des raquettes de tennis ; l'attroupement qui nous suit se fait de plus en plus dense, jusqu'à interrompre la circulation. Les gens se bousculent en hurlant :

– Hourra, Charlie !

Ils sont si nombreux et expansifs que nous ne pouvons bientôt plus bouger. Frank est un peu inquiet et lorsque nous rentrons enfin à la maison, il déclare :

– Je n'échangerai pas ma place contre la tienne, même pour dix millions de dollars !

Dans l'après-midi, nous prenons le thé au Casino municipal, qui est réputé être le plus grand du monde.

C'est une magnifique construction décorée avec beaucoup de goût, abritant de vastes pistes de danse et des salons Baccarat. Des centaines de personnes se retrouvent ici pour le thé dansant – la musique y est excellente.

De nombreux Américains habitent la Côte d'Azur et renient les États-Unis avec amertume, ce qui me surprend :

– Ce n'est pas un endroit où vivre, avec la Prohibition, les Blue Laws[7] et les interdictions édictées par les diverses organisations puritaines. À nous la France, où on ne nous raconte pas de sornettes ! Ici, la politique doit s'adapter au peuple, alors que c'est l'inverse aux États-Unis.

Ces critiques au vitriol sont fréquentes et émanent tout particulièrement des Américains. Les Européens reconnaissent le génie de ces derniers, leur contribution à l'avancée de la science, leur esprit d'initiative ; mais ils secouent eux aussi la tête quand on parle des États-Unis comme d'un pays où vivre.

Il me faut du temps pour commencer à apprécier le sud de la France. Je trouve la vie de casino ennuyante et stupide, mais on y rencontre des gens sympathiques, qui ont de très belles maisons et qui reçoivent admira-

7. Groupe de lois sociales édictées aux États-Unis à partir de la fin du XIXe siècle pour garantir la morale publique et le respect du repos dominical.

blement bien. Je comprendrai un peu plus tard qu'il y a plusieurs vies à mener sur la Côte d'Azur : sociale, intellectuelle, bohème et, bien sûr, « casinienne ».

Je commence à aimer Nice. Le matin, je joue au tennis et, le soir, les amis et les réceptions me divertissent et me rendent heureux. Un jour, lors d'un déjeuner fort sympathique, je retrouve Elsa Maxwell[8], Sir Philip Sassoon, Sir Oswald Mosley[9], l'un des jeunes hommes politiques anglais les plus prometteurs, malgré son échec momentané. Chère Elsa ! Cela fait des années que je ne l'ai pas vue ! Elle est d'une charmante compagnie et peut divertir une assemblée pendant des heures grâce à ses chansons. Elle est vraiment douée. Le beau monde est son mode d'expression et elle en a même fait un art.

Cet après-midi, Sir Philip Sassoon et moi nous rendons chez son altesse le duc de Connaught[10] pour y prendre le thé. C'est un vieil homme imposant de plus de quatre-vingts ans, aux manières agréables et cordiales. Sa modeste maison, située à Cap-Ferrat, est entou-

8. Elsa Maxwell (1883-1963) était une chroniqueuse américaine, célèbre pour les soirées mondaines qu'elle organisait.
9. Oswald Mosley (1896-1980), homme politique qui passa du Parti conservateur au Parti travailliste, avant de fonder la British Union of Fascists en 1932.
10. Le duc de Connaught (1850-1942) était le septième enfant de la reine Victoria et du prince Albert. Il fut notamment gouverneur général du Canada entre 1911 et 1916.

rée de magnifiques fleurs. Le duc ne peut renier son ascendance : il ressemble considérablement à ses ancêtres, les George d'Angleterre. Nous prenons place – nous sommes six – autour d'une tasse de thé. La politesse naturelle de notre hôte et sa considération marquée pour ses invités mettent son charme en lumière. Il émet l'intention d'assister à la première de mon film. Nous nous séparons après une discussion des plus plaisantes.

Je suis l'invité du prince de Monaco pour la présentation de mon film à Monte-Carlo – la principauté a des parts dans le cinéma où a lieu la projection. À mon arrivée, le gouvernement m'informe que le prince ne pourra finalement pas dîner avec moi, étant retenu par diverses affaires urgentes, et qu'il nous rejoindra directement au cinéma. Pour atténuer ma déconvenue, il est décidé que je souperai avec l'ensemble de ses ministres. À l'exception du consul britannique, aucun d'entre eux ne parle anglais ; je me débats pendant tout le repas, jetant des regards sympathiquement idiots aux autres convives. Nous terminons de dîner de bonne heure et sommes informés que nous ne pourrons rejoindre le cinéma qu'à dix heures, pour le début de la projection. Je suggère au consul britannique de nous y rendre plus tôt, mais celui-ci me fait remarquer que le déroulement de la soirée est entre les mains de nos hôtes et que nous ne pouvons donc pas bousculer leurs plans. Le signal de notre départ est enfin donné.

Le prince de Monaco et sa fille sont déjà installés dans leur loge à notre arrivée au cinéma – il semble évident qu'il y a eu un quiproquo ! Quoi qu'il en soit, après la projection, j'ai le plaisir d'être félicité par le duc de Connaught, qui affirme avoir aimé le film.

Quelques jours plus tard, j'apprends pourtant qu'une partie de la presse anglaise m'accuse d'avoir fait attendre le duc de Connaught pendant des heures et d'avoir soulevé l'indignation du public pour ne m'être présenté au théâtre qu'à dix heures. Mais comme je viens de l'expliquer, j'étais l'invité du gouvernement monégasque, l'unique responsable de l'organisation de la soirée.

Cette même partie de la presse anglaise a par ailleurs déclaré que j'avais refusé la demande royale de participer à un gala en présence du roi d'Angleterre. Faux, là aussi : j'ai en réalité reçu un télégramme d'un certain M. Black, me priant de prendre part à ce qu'il appelait un vaudeville de charité, simplement parce que Leurs Majestés seraient présentes. Il ne s'agissait pas d'une demande royale, mais de celle de ce M. Black, qui n'a aucune légitimité pour s'exprimer au nom de Buckingham.

Mme Gould a organisé un déjeuner des plus excitants au Casino municipal, auquel assistent les plus grands noms de l'art et de la littérature – Maeterlinck,

Marchand, Domergue[11], pour n'en citer que quelques-uns. Il y a quelque chose d'incongru à réunir autour d'un repas des hommes si illustres dans un tel endroit. Après le cocktail, l'ambiance se détend et les convives finissent par s'adapter à l'atmosphère du lieu.

Maeterlinck, dont les cheveux sont argentés et les traits fins, est un homme posé et réservé – l'alliance entre un philosophe et un enfant. Il semble maussade et renfrogné pour commencer, mais devient jovial au cours du déjeuner. Aucun de nous deux ne parlant la langue de l'autre, il nous est très difficile de discuter – la conversation est impossible quand tout doit être sans cesse répété. Nous optons donc pour une humeur légère et frivole.

Maeterlinck dessine d'amusants croquis sur le menu, que je lui demande de signer. Il ponctue la conversation de commentaires humoristiques émis avec solennité, comme s'il citait de remarquables extraits de son œuvre. Il me fascine. Lui ici, dans ce casino, lui le disciple de la beauté, l'essayiste, le philosophe, l'auteur de ces mots remarquables : « Il arrive un moment dans la vie où la beauté morale semble plus nécessaire que la beauté intellectuelle. Il arrive un moment où toutes les acquisitions de l'esprit doivent se déverser dans la

11. Il s'agit sans doute des peintres français Jean-Gabriel Domergue (1889-1962) et Jean Marchand (1883-1941), qui appartint à l'école cubiste, ainsi qu'au Bloomsbury Group de Virginia Woolf.

grandeur de l'âme sous peine de mourir misérablement dans la plaine comme un fleuve qui ne trouve pas la mer[12]. »

Une fois ses dessins achevés, il me tend le menu en souriant.

Je reçois un télégramme d'Emil Ludwig[13] : en route pour les États-Unis, il fait une étape d'une journée dans le sud de la France, dont je me charge d'organiser le programme. Nous commençons par déjeuner au Palm Beach Casino, un endroit magnifique situé face à l'île Sainte-Marguerite (sur laquelle se dresse la fameuse prison dans laquelle l'Homme au masque de fer fut incarcéré). Ludwig, qui a près de quarante ans, ressemble à Byron : les mêmes grand front saillant, menton proéminent, bouche charnue et délicate, presque féminine. Je suis impressionné par la jeunesse et l'enthousiasme de son esprit.

Pendant le déjeuner, il me tend un brin d'herbe en me disant :

– Je souhaite que vous le gardiez comme gage de mon estime, tout comme les Grecs avaient pour habitude de décerner une feuille de laurier à ceux qu'ils admiraient.

12. Extrait de *La Sagesse et la Destinée*, 1905.

13. Emil Ludwig (1881-1948), écrivain allemand célèbre pour ses biographies.

Nous discutons ensuite des plus belles choses que nous considérons avoir jamais vues. Je lui parle des gestes d'Helen Wills[14] sur un court de tennis, d'une photo émouvante découverte dans un hebdomadaire représentant un homme labourant un champ des Flandres après la guerre – la courbe tragique de son dos voûté, sa détermination et son courage à creuser des sillons, l'indomptable volonté de reconstruction sur des ruines.

Ludwig, lui, raconte magnifiquement l'éclat rouge d'un coucher de soleil sur une plage de Floride, longée par une automobile roulant à une vingtaine de kilomètres à l'heure ; appuyée sur le marchepied, une jeune femme en maillot de bain effleure de son orteil la surface lisse du sable et dessine ainsi une fine ligne.

Évoquant soudain son petit garçon, il dit :

– Il me considère comme un dieu. Il faut donc que je me montre à la hauteur. Le petit bonhomme a entendu dire que son père écrivait des livres – il est stupéfait à l'idée que ces derniers soient rédigés dans tant de langues différentes ! Ainsi pense-t-il que rien n'est impossible à son papa.

Puisqu'il est question de livres, je lui avoue que j'ai beaucoup moins lu que n'importe quel honnête homme. L'une des explications à cela : je lis lentement

14. Helen Wills (1905-1998), grande joueuse de tennis américaine des années 1920-1930, qui remporta plus de trente titres du Grand Chelem.

et suis donc très exigeant dans mes choix. Les bases de mon éducation littéraire plongent dans la Bible, l'œuvre de Shakespeare, *Les Vies parallèles des hommes illustres* de Plutarque, *L'Anatomie de la mélancolie* de Burton, *La Vie de Johnson* de Boswell, ainsi que dans les ouvrages de philosophes tels que Nietzsche, Emerson, Schopenhauer et Robert Ingersoll. Celui-ci, suivi de près par Emerson et Nietzsche, est à l'origine de mon intérêt pour la philosophie ; je l'ai découvert à l'âge de dix-sept ans – assez tard en somme. Je n'ai qu'une connaissance superficielle des autres classiques.

Ludwig, pour sa part, a absolument tout lu, des Grecs anciens aux écrivains les plus contemporains. Nous sommes d'accord sur le fait que les gens ont de moins en moins le temps de lire aujourd'hui et que le roman s'éteindra sans doute sous l'effet des exigences de la vie moderne. Je lui demande s'il est vrai, comme la rumeur le laisse entendre, qu'il projette de rédiger une biographie d'Edison, de Ford et de Rockfeller. Il dément la chose, m'expliquant qu'il est las du genre biographique, et qu'il est revenu à ses premières amours : les pièces de théâtre – il me raconte à cette occasion qu'il a été acteur avant d'être auteur.

Nous évoquons ensuite les différentes conceptions exposées par les auteurs ayant écrit sur Jésus et il me demande celle que je préfère.

–La plus admirable selon moi est celle de Sadakichi Hartmann, *The Last Thirty Days of Christ*[15]. Jésus y est présenté tout à la fois comme mystique et philosophe. Un personnage solitaire et incompris, même par ses disciples.

–Les interprétations sont nombreuses ; néanmoins, la clé de Sa nature n'est pas Son génie, mais bien Son humanité – qui est plus importante encore que Sa philosophie, ajoute Ludwig.

Le soir, nous dînons dans un restaurant paisible et discutons de la chance et de ces petits incidents qui peuvent changer radicalement le cours d'une vie.

–Si Mack Sennett n'avait pas raté, un soir, un rendez-vous avec l'un de ses amis, je serais aujourd'hui sans doute éleveur de porcs dans l'Arkansas, lui dis-je. Sennett raconte souvent l'anecdote : ayant manqué son ami, il décida d'aller traîner du côté de l'American Music Hall, où je me produisais ce soir-là. Il déclara en sortant que si un jour il montait sa propre troupe, il m'engagerait. Deux ou trois ans plus tard, il était actionnaire de la fameuse Keystone Company. À l'époque, je faisais partie d'une troupe de pantomime qui écumait les théâtres de vaudeville aux quatre coins des États-Unis. J'avais eu jusque-là peu de succès et,

15. Littéralement, *Les Trente Derniers Jours du Christ*, pièce de théâtre non traduite en français, écrite par Sadakichi Hartmann (1867-1944), poète, dramaturge et critique d'origine germano-nippone.

découragé, avais décidé de devenir fermier. Associé dans ce projet avec un membre de la troupe, nous faisions des économies afin d'acquérir de la terre en Arkansas pour y élever des porcs. J'achetai des livres et étudiai les maladies spécifiques à ces bêtes, quand je reçus un télégramme qui mit des bâtons dans les roues de notre entreprise. Nous nous produisions alors dans les bouges de Philadelphie. Le message qui m'avait été adressé était le suivant : « Êtes-vous celui qui jouait l'ivrogne à l'American Music Hall il y a trois ans ? Si c'est le cas, veuillez prendre contact avec Kessel et Bauman, Longacre Building, New York. » Je n'avais pas la moindre idée de qui étaient ces Kessel et Bauman : des avocats qui m'annonceraient qu'un de mes parents fortunés venait de mourir en me léguant un héritage ? Un peu déçu d'apprendre qu'il ne s'agissait que d'une histoire de cinéma, j'étais néanmoins excité. M. Kessel m'apprit que Mack Sennett l'avait chargé de me retrouver. Je me souviens avoir parfaitement manœuvré pendant l'entretien avec Kessel, en gonflant mon salaire notamment – je gagnais soixante-quinze dollars par semaine à l'époque. Je lui expliquai que le seul intérêt que je portais au cinéma relevait de ma santé : le travail s'y faisait en extérieur et la vie au grand air m'attirait. Je n'envisageais donc de faire des films que pour cette raison. Je poursuivis en lui affirmant qu'au théâtre, je gagnais deux cent cinquante dollars par semaine. Mais étant donné la nature de l'emploi qu'il me proposait, j'étais prêt à faire des sacrifices. Nous parvînmes au compromis de cent cinquante dollars par semaine et je quittai le bureau de Kessel en me considérant comme un escroc. Mon inquiétude fut bientôt de justifier une telle rémunération. En arrivant à Los Angeles pour y signer mon contrat, je filai dans une salle de cinéma. Devant moi était assis Mack Sennett, à qui je me présentai. Me découvrant sans mon maquillage, il fut surpris de me savoir si jeune: « Êtes-vous bien sûr d'être celui que j'ai vu jouer à l'American Music Hall? » « Mais oui! » lui répondis-je. Bien que dubitatif, il me donna rendez-vous le lendemain matin. Nerveux et perclus de timidité, je passai les trois matinées suivantes devant le studio, n'osant me présenter et finissant par regagner mon hôtel, démoralisé. Mack Sennett me téléphona le quatrième jour pour me demander des explications. Je m'armai alors de courage pour affronter cette épreuve. Pendant la semaine qui suivit, je me promenai dans le studio et observai les compagnies à l'œuvre. Les stars du moment étaient Mabel Normand et Ford Sterling, qui furent très gentils avec moi. J'apercevais parfois Mack Sennett traverser les lieux d'un air préoccupé. Il lui arrivait de me voir et je lui souriais alors timidement – j'avais le sentiment que maintenant que j'étais là, je n'étais plus attendu. Il était sans doute déçu de la jeunesse de mon allure et devait avoir l'impression d'avoir fait une mauvaise affaire. Ce qui me terrifiait le plus était de savoir que Ford Sterling gagnait seulement cinquante dollars par semaine de plus que moi et que les autres membres de la compagnie étaient rémunérés trois dollars par jour, alors qu'il s'agissait d'excellents acteurs. Cela m'angoissait terriblement. Je fus enfin mis au travail, dans un film intitulé *Pour gagner sa vie*; j'y jouais le rôle d'un reporter – sans mon maquillage habituel. La première scène se déroulait dans les bureaux d'un journal où je venais postuler pour un emploi. À l'époque, on ne suivait pas de script : on improvisait. Quand ce fut mon tour, tout le studio était rassemblé pour observer le « nouvel acteur ». Le metteur en scène était songeur, réfléchissant aux jeux de scène qui pourraient faire rire. Je fis une proposition, qui fut acceptée. Je me souviens de ce moment épouvantable où les caméras étaient prêtes; j'attendais alors derrière le décor, sur le point de faire mon entrée. Le gag que j'avais suggéré fit rire l'assistance, ce qui m'encouragea à en proposer d'autres. Cela eut pour effet de déclencher la colère du réalisateur. Mon angoisse m'avait poussé, je crois, à trop en faire. À l'époque, les comédies étaient synonymes de courses-poursuites, alors que je tenais à faire rire tout en restant calme. On m'objecta: « Cela crée des séquences trop longues. » J'eus de nombreuses prises de bec à ce sujet avec le réalisateur, lui affirmant que n'importe qui pouvait courir ou renverser un chariot de pommes et qu'il était donc inutile de me payer autant pour faire de pareilles choses. Je fus aussitôt signalé à Mack Sennett comme un acteur difficile à diriger, ce qui me valut une mise à pied d'une semaine après ce premier film. Je m'inquiétai alors de mon avenir professionnel. Mais on finit par me confier un nouveau rôle : on me demanda de me déguiser pour jouer dans le film de Mabel Normand, qui se déroulait dans un hôtel. Dans la garde-robe, je choisis un pantalon flottant, une redingote étriquée, un petit chapeau melon et une paire de chaussures trop grandes. Je souhaitais que mes vêtements constituent un amas de contradictions, convaincu d'un point de vue pictural que ma nouvelle silhouette se détacherait parfaitement sur l'écran. Pour la touche comique, j'ajoutai une petite moustache, qui ne cacherait pas mes mimiques. Mon allure enchanta tout le monde, même M. Sennett. Mon accoutrement communiquait l'esprit du personnage : un homme doté d'une âme et de convictions. J'en dressai le portrait à M. Sennett : « Sentimentalement, il est affamé, il est perpétuellement à la recherche de l'amour, mais ses pas le mènent toujours ailleurs. » Avant même d'être présenté au public, ledit personnage remporta un joli succès auprès des membres du studio. Après ce petit rôle dans le film de Mabel, je fus dirigé par un autre réalisateur, qui lui aussi se plaignit à M. Sennett de la difficulté de travailler avec moi. J'avais déjà tourné quatre films en incarnant mon personnage quand les choses s'envenimèrent: « Pliez-vous à ce qui vous est demandé, sinon démissionnez! » m'asséna M. Sennett – je n'avais pas mesuré combien j'étais proche du licenciement. Je découvris plus tard qu'il avait vraiment eu l'intention de me renvoyer ce jour-là, mais, pour une raison mystérieuse, l'atmosphère se détendit dans la soirée. M. Sennett vint me trouver dans ma loge: « Écoutez, Charlie, vous ne souhaitez pas déclencher la colère de tous les réalisateurs, quand même? Ils apprécient votre travail et votre personnalité, et tout ce qu'ils vous demandent, ils le font pour votre bien. » Sur le moment, je ne compris pas son brusque changement d'attitude. Mack me raconta bien plus tard qu'il avait reçu dans la journée un télégramme du bureau new-yorkais de Kessel et Bauman lui intimant de produire rapidement de nouveaux films avec « le petit gars aux grands pieds et au pantalon flottant »: le public en redemandait. Ainsi, ce soir-là, le priai-je de bien vouloir me laisser me diriger moi-même. « D'accord, me répondit-il, mais qui paiera pour la pellicule si vous la gâchez? » « Moi » lui assurai-je, en le suppliant de me laisser une chance, ce qu'il finit par accepter. Je rassemblai rapidement quelques policiers typiques de la Keystone, une nurse d'enfants et un soldat, et me rendis dans le parc voisin, accompagné de quelques chics types, pour réaliser mon premier film. À la fin de la projection de ce dernier, durant laquelle Mack rit à plusieurs reprises, il me demanda: « Quand en commencez-vous un autre? » À compter de ce jour, je me mis moi-même en scène.

M. Ludwig m'encourage à raconter d'autres anecdotes sur mes débuts. C'est donc de sa faute si j'accapare autant la conversation: il est deux heures du matin quand nous quittons le restaurant et nous séparons. Il doit rejoindre Cherbourg afin de s'embarquer pour l'Amérique.

H. G. Wells, qui séjourne près de Grasse, m'invite à venir passer quelques jours avec lui. Il achève *The Work, Wealth and Happiness of Mankind*[16], un ouvrage colossal sur lequel il œuvre depuis trois ans.

– Que ferez-vous ensuite? lui demandé-je.

– Je commencerai un nouveau livre.

– Diantre! Je pensais que vous auriez aimé vous éloigner du travail pour faire autre chose.

– Que pourrais-je faire d'autre? répond-il en riant d'un air malicieux.

Alors que nous parlons de mes films, il me confie qu'il préférerait que je revienne aux sujets de mes comédies les plus courtes:

16. Littéralement *Le Labeur, la Richesse et le Bonheur de l'humanité*, œuvre non traduite en français.

–Vous vous infligez une tâche ardue en vous imposant de suivre si scrupuleusement une intrigue et un sujet. Qui se souvient de l'histoire des romans de Dickens ? Prenez par exemple *Les Papiers posthumes du Pickwick Club* ? Ce sont ses rebondissements et ses personnages qui plaisent. Personnellement, j'aimerais vous voir plus souvent dans ces films de deux bobines, qui recelaient tant de spontanéité.

Nous nous rendons à Grasse, cette magnifique cité à l'atmosphère du XIIe siècle, pittoresquement perchée à cinq cents mètres au-dessus du niveau de la mer. Grasse étant renommée pour son industrie du parfum, H. G. et moi décidons de visiter quelques usines (j'ai entendu dire que la préparation de cinq cents grammes d'essence de rose – qui coûtent environ cinq cents dollars – nécessitait le broyage de quatre millions de fleurs).

Animés de l'intention de découvrir la cathédrale et divers autres monuments de la cité, nous en grimpons les rues étroites quand mon fixe-chaussettes se rompt – ce qui nous contraint à gagner le centre-ville pour le remplacer.

H. G. s'émerveille de la beauté des lieux et ne remarque donc pas tous ces gens, semblant surgir de nulle part, qui s'agglutinent sur le pas de la porte des magasins. Sans le vouloir, nous ressemblons au Joueur de flûte de Hamelin. Dès lors, il est impossible de continuer une conversation normale. H. G. prend peur soudain :

–Continuez tout seul, me propose-t-il, et je vous retrouve à la voiture.

–Oh non, insisté-je, il faut que vous voyiez cela jusqu'au bout.

Nous nous réfugions dans un magasin pendant un moment, mais finissons par braver la situation et parcourir les ruelles, suivis par la foule. Il est désormais impensable de songer à visiter les usines de parfum ou la cathédrale !

–Désolé, mais on remettra tout cela quand vous vous serez laissé pousser la barbe, me dit H. G.

Nous regagnons notre automobile et nous enfuyons. Heureusement, toutes nos excursions ne se déroulent pas ainsi et nous passons de délicieux moments ensemble.

C'est évidemment un cliché que d'affirmer que H. G. Wells est un compagnon des plus intéressants. Pendant mon séjour en Europe, je suis amené à partager plusieurs soirées formidables avec lui. Quel que soit le sujet abordé, il est passionnant et a un don pour rendre limpides les sujets les plus abstraits. Je me souviens de la clarté avec laquelle il avait défini les principes de la relativité lors d'un dîner que nous avions consacré à la quatrième dimension.

Il me raconte l'anecdote suivante, qui est assez amusante : à ses débuts, avant d'avoir acquis une certaine notoriété, il envoya un article qu'il avait écrit sur ce sujet à plusieurs journaux. Le seul à lui avoir répondu alors était le célèbre rédacteur en chef de la *Fortnightly Review*, Frank Harris, qui demanda à le voir. Pour l'occasion, H. G. s'acheta un chapeau de soie et le brossa méticuleusement. En arrivant dans le bureau de Frank Harris, dont les manières brusques le tétanisèrent, il posa son couvre-chef sur le bureau de celui-ci.

« –Votre article m'intéresse, mais comment diable comptez-vous que le public y comprenne quoi que ce soit ? Rentrez chez vous et écrivez quelque chose de publiable, lui dit Harris.

« Pendant notre entretien, poursuivit H. G., Harris martelait régulièrement du poing sur la table, ce qui faisait sauter mon chapeau. Alors que ce dernier se rapprochait du bord, je tendis le bras discrètement pour le rattraper.

–Mais où donc avez-vous acheté ce couvre-chef? me demanda alors Harris.

Humilié, je m'en allai en me jurant de ne plus jamais le porter. »

Pendant la suite de mon séjour dans le sud de la France, je fais la connaissance de nombreuses célébrités, à la réputation nationale tout autant qu'internationale. M. Bailby, rédacteur en chef de *L'Intransigeant*, organise un déjeuner chez lui – une magnifique maison moderne et raffinée située à Biot –, auquel sont invités la princesse Murat, le baron et la baronne de Rothschild, M. et Mme Berthelot. Et avant de partir pour Alger, j'ai le plaisir de dîner avec Paul Morand, l'auteur du splendide *New York*, qui a lui aussi une ravissante maison moderne, près de Monte-Carlo.

Si j'avais pour vocation d'être écrivain et si la place me le permettait, j'aimerais pouvoir décrire en détail tous ces individus exceptionnels. Rencontrer autant de nouvelles personnes éminentes en si peu de temps me trouble et m'excite en même temps, mais m'empêche de m'imprégner de leur tempérament. Plus que l'impression qu'ils me font, je dois avouer modestement – ou immodestement en vérité – que je suis davantage préoccupé par la bonne impression que je souhaite leur faire. La philosophie de l'acteur en a toujours été ainsi... Et en relisant ce manuscrit, je le trouve des plus révélateurs de cet éternel « Moi, moi, moi, ma vie à moi ».

Le mot Algérie a quelque chose de romantique qui stimule mon imagination : il fait naître chez moi des tableaux de tribus sarrasines habillées de toges fluides et colorées. J'ai un profond respect pour leur mode de vie. Si différents de nous, les victimes de l'industrie, ces enfants d'Omar Khayyam détiennent le véritable sens de la vie, avec leurs chameaux et leurs dattes.

Grâce à son climat tempéré, Alger est devenue l'un des lieux de villégiature favoris de ceux qui souhaitent échapper à la rigueur de l'hiver européen. Quand on entre dans son port, la cité, avec ses terrasses blanches éblouissantes, ses myriades de fenêtres réfléchissant l'éclat du soleil africain sur un arrière-plan de collines vertes, ressemble à une grappe de perles sises dans un écrin d'émeraude.

Bercé par la philosophie d'Omar Khayyam, l'Arabe est un grand amateur de cinéma – la preuve en est : des milliers de personnes bordent la route jusqu'à mon hôtel.

La partie moderne d'Alger ressemble beaucoup à n'importe quelle ville de France. Mis à part la foule d'autochtones habillés de leurs costumes traditionnels, on pourrait se croire dans une cité espagnole ou française de la côte méditerranéenne. Le quartier arabe d'Alger est, lui, plus pittoresque. Il faut laisser son automobile au pied d'une colline pour le visiter. De là, un guide local vous mène au travers de rues sinueuses et étroites ; on y rencontre des artisans qui travaillent de la même façon – primitive – qu'il y a plusieurs siècles. En déambulant dans les rues bordées d'étranges bicoques et de recoins sombres, on débouche parfois sur une place, sorte de rempart qui domine toute la ville jusqu'à la mer.

Les lieux historiques sont pléthore en Algérie, parmi lesquels Kbour-er-Roumia, la tombe supposée de Cléopâtre Séléné, la fille des célèbres Cléopâtre et Marc-

Antoine. Malheureusement, je ne peux visiter l'endroit, harcelé que je suis par les foules qui me suivent – ainsi, un jour, pendant que je fais des achats, l'un de ces attroupements devient si tumultueux qu'il fait voler en éclat la vitrine d'un magasin, obligeant la police à intervenir.

J'aimerais profiter de ce séjour en Algérie pour faire diverses excursions en Afrique du Nord, mais la saison se termine et les hôtels commencent à fermer pour l'été.

Je regagne alors le sud de la France pour quelque temps, où je rends visite à Frank Harris, qui habite Nice.

Je suis un admirateur de Frank depuis de nombreuses années et j'ai lu quasiment tous ses livres. Selon moi, sa biographie d'Oscar Wilde est la meilleure qui soit et se hisse au niveau de la *Vie de Samuel Johnson*[17] de Boswell. C'est une chronique des Gay Nineties, l'époque de Whistler, Beardsley, Rossetti, Meredith, Swinburne, Browning, Ruskin, Pacer, de tous ceux qui constituaient alors l'âme des arts et des lettres.

Le pauvre Frank Harris, dont on se souviendra, quoiqu'il advienne, pour ses chefs-d'œuvre *The Man Shakespeare, Unpath'd Waters, The Bomb* et *Montes the Matador*, a été cruellement attaqué ces derniers temps pour la publication de son autobiographie, *My Life and*

17. Œuvre de James Boswell (1740-1795), considérée comme l'un des chefs-d'œuvre de la littérature anglaise du XVIIIe siècle.

Love[18]. Je l'ai rencontré pour la première fois en 1920, lors d'une conférence qu'il donnait et à laquelle j'assistai en compagnie de mon ami Haldeman-Julius[19]. Je me souviens de ma surprise en entendant sa voix de stentor. Il ressemblait un peu au Kaiser d'avant la guerre. Plein d'assurance, il avait un charisme fou. Ce soir-là, nous nous rendîmes chez lui pour le dîner, au cours duquel je fis la connaissance de sa ravissante femme, aux cheveux dignes de ceux d'une figure du Titien. Frank étant un brillant causeur, nous discutâmes jusqu'au petit matin. Il nous raconta comment Bismarck avait été agressé verbalement au Reichstag par un membre de son propre parti. Il imita, en allemand, le grand homme d'État s'adressant à l'assemblée : « Je respecte l'ennemi, mais je méprise le traître », avait dit Bismarck en pointant du doigt d'abord un socialiste puis son offenseur.

Nous dînons au calme dans la maison niçoise de Frank. Il me dit combien la courtoisie de l'immigration américaine l'a touché lors de son dernier voyage aux

18. Littéralement, *L'Homme Shakespeare, Eaux libres, La Bombe* et *Montes le matador*. *Ma vie et mes amours*, autobiographie en quatre volumes dans laquelle Frank Harris conte avec moult détails ses conquêtes amoureuses et ses nombreuses relations sexuelles, fut considérée comme pornographique.

19. Emanuel Haldeman-Julius (1889-1951) était un écrivain et un éditeur américain.

États-Unis: elle lui accorda un passeport et le traita avec considération.

–Ce fut une grande surprise étant donné la façon dont je fus malmené pendant la guerre. De plus, je suis à un âge où les délicatesses de ce genre m'émeuvent.

Puisqu'il est question de nos expériences respectives, je me mets à lui raconter une histoire qui m'est arrivée il y a quelques années: « Vous rendez-vous compte que les hommes publics et les célébrités ne suscitent que rarement des réactions normales de la part des autres? Ces derniers sont souvent trop intéressés ou bien feignent l'indifférence. Ainsi, un soir, alors que je travaillais à un nouveau film, je me promenais dans les rues de Los Angeles. La journée avait été décevante, les idées ne me venaient pas, j'étais déprimé. J'avais donc décidé de me rendre dans le centre-ville pour dîner, seul, à un comptoir. Je portais un vieux costume, une barbe d'une semaine et ressemblais à un colleur d'affiches au chômage.

En longeant Main Street, j'aperçus une jeune fille modestement vêtue, à l'air mélancolique – de toute évidence une ouvrière. Elle n'était pas jolie, mais quelque chose dans son attitude – une certaine fantaisie, une sorte de tristesse – m'intrigua.

Abattu et désabusé par ma journée, je songeais qu'il serait rafraîchissant de m'extraire de mon travail et de parler à quelqu'un qui n'aurait rien à voir avec tout cela. Quel plaisir serait-ce de faire la connaissance de cette jeune femme! Mais je n'osai me manifester, de peur d'être mal compris.

Elle mangeait des bonbons et fit tomber son sac de confiseries par mégarde, mais le rattrapa avant moi. Elle remarqua mon geste et sourit:

– Trop tard, me dit-elle.

– C'est bien ma chance, répondis-je.

La conversation était lancée.

– Où allez-vous? lui demandai-je.

Elle me répondit qu'elle attendait une amie qu'elle devait retrouver devant le Owl Drug Store à sept heures et demie.

– Cela vous ennuie-t-il que je vous tienne compagnie jusque-là?

– Pas du tout.

J'étais persuadé qu'elle ne savait pas qui j'étais. Enfin un peu d'aventure! Son indifférence, qui me décontenançait, était si naturelle et si honnête qu'elle mettait ma vanité au défi. Et voilà que je souhaitais faire bonne impression non pas en tant que Charlie Chaplin, mais pour mon moi intime!

– Vivez-vous à Los Angeles, lui demandai-je, alors que nous nous étions mis à marcher.

– Oui, mais je viens de la côte Est.

– Où précisément?

– New York.

– Oh, j'y suis déjà allé, dis-je tel un fanfaron. En fait, je reviens tout juste d'un tour du monde.

– Ah oui, répondit-elle machinalement.

– Oui, je me suis promené partout.

Elle mit fin à ma tentative de l'impressionner en annonçant qu'il devait être sept heures et demie et qu'il lui fallait retrouver son amie.

– Dites-moi, l'interrogerai-je alors que nous nous dirigions vers son point de rendez-vous, pourquoi m'avez-vous abordé ?

– Je ne sais pas. J'avais une demi-heure devant moi.

– Mais pourquoi moi particulièrement ? Vous auriez pu adresser la parole à quelqu'un d'autre.

– Oh, je ne sais pas, j'ai trouvé que vous aviez l'air sympathique.

– Comment puis-je avoir l'air sympathique avec une barbe d'une semaine ?

– Ah ? Je ne l'avais pas remarquée.

– Dites-moi, vous trouvez vraiment que j'ai l'air sympathique ?

– Mais bien sûr. Je ne vous aurais jamais parlé sinon.

Ce fut la première fois qu'elle manifesta un peu d'intérêt à mon égard. Après un silence, elle s'exclama :

– Vous êtes amusant ! Mais où travaillez-vous ? Et qui êtes-vous ?

Je ne sais pas pourquoi mais je lui répondis que je m'appelai Gale et que j'étais professeur d'anglais à la

Hollywood High School. Elle se rembrunit et je compris que mon métier ne remportait pas ses faveurs. Nous arrivâmes devant le magasin où elle avait rendez-vous. Une jeune femme maigre, aux traits aquilins et vêtue modestement, s'approcha de nous. Je lui fus présenté avec nonchalance :

– Voici M. Gale, lui dit ma camarade.

La nouvelle venue esquissa à peine un mouvement de la tête accompagné d'un bref "Enchanté", puis m'oublia et se concentra sur son amie. Le temps de longer deux pâtés de maison, elles furent tout à leur conversation et je me sentis de trop. Soudain, elles se souvinrent de ma présence et, se tournant poliment vers moi, ma camarade dit à son amie :

– M. Gale est professeur d'anglais.

La jeune femme sembla perplexe.

J'allais désormais pouvoir m'amuser, me dis-je. Je m'enveloppai donc d'un air de mystère et me mis à parler de mes voyages, à me vanter de mes relations – je lançais de façon détachée les noms de mon ami Charlie Schwab, des Vanderbilt, des Astor[20]… Je leur racontai que je possédais plusieurs voitures – parmi lesquelles une Rolls Royce –, dont je ne me servais que peu, préférant la marche. L'effet produit était amusant : elles

20. Charles M. Schwab (1862-1939), magnat américain de l'acier. Les Vanderbilt étaient une famille influente et riche des États-Unis. Pour les Astor, cf. note p. 27.

échangèrent des coups d'œil empreints d'une résignation teintée d'ennui. Il était évident qu'elles me considéraient comme un incorrigible affabulateur. Puis je leur annonçai que j'avais faim et qu'il était l'heure de dîner. Je leur précisai qu'en dehors des grands hôtels, il m'arrivait de me rendre chez Childs pour ses gâteaux au sarrasin. Elles sourirent avec dédain.

– Très bien, nous nous quittons donc ici, me dit ma camarade.

– Mais vous ne dînez pas avec moi ?

– J'aimerais bien, mais nous sommes deux.

– Je serais enchanté de vous inviter toutes les deux.

Elle se tourna vers son amie avec un air interrogateur, puis vers moi :

– Bon, et bien nous vous accompagnerons jusqu'au restaurant puis nous en irons. Il n'y a pas de raison que vous nous invitiez toutes les deux.

Sa remarque me toucha. Nous demeurâmes quelques instants debout devant Childs.

– S'il vous plaît, dînez donc avec moi, implorai-je.

– D'accord, si vous insistez.

Alors que nous étions sur le point d'entrer dans le restaurant, j'hésitai :

– Si je dois dîner avec deux dames, ce ne sera pas chez Childs ! Le Biltmore sera bien plus agréable.

Il s'agissait de l'un des meilleurs hôtels de la ville. Les jeunes femmes échangèrent un clin d'œil :

–Nous ne voulons pas abuser. Childs nous convient parfaitement.

–Oh non, insistai-je avec fermeté, allons donc au Biltmore.

Avant même qu'elles puissent protester, je les entraînai par le bras. Elles furent déconcertées. J'avais enfin fait impression et elles se mirent à écouter poliment mes fanfaronnades.

Mon allure n'était pas des plus engageantes, mais dans le hall du Biltmore, plusieurs porteurs me reconnurent, qui me saluèrent avec respect. Idem pour le maître d'hôtel, qui ne mentionna toutefois pas mon nom. Je pris des grands airs pour éblouir mes amies : je fus tatillon dans le choix de la table et dédaigneux avec les serveurs. Je choisis les plats les plus chers, du canard *à la presse*[21] aux crêpes Suzette, en passant par tous ceux qui nécessitaient un dressage de dernière minute effectué à notre table. Tous les ustensiles culinaires imaginables furent sollicités.

L'attitude des jeunes filles avait changé : la maigre s'était éteinte et, effrayée, était désormais silencieuse. L'autre faisait, pour sa part, un effort pour soutenir une conversation “littéraire” :

–Connaissez-vous Percy Hammond, le critique de théâtre de *The Tribune* ? me demanda-t-elle.

21. En français dans le texte.

Je répondis que non. Finalement, nous en vînmes à parler de cinéma. Soudain tirée de sa stupeur, l'amie de mon amie me fixa du regard :

– Votre visage m'est familier, mais je ne sais pas où j'aurais pu le croiser. J'ai cherché toute la soirée et j'ai enfin trouvé à qui vous ressemblez : Charlie Chaplin !

– J'espère que non ! répondis-je avec hâte. Il n'est pas très impressionnant.

– Je ne parle pas de son personnage au cinéma, mais du contour de vos yeux.

– Du moment qu'il ne s'agit pas du contour de ses pieds, répliquai-je. Mais en dehors de tout cela, que pensez-vous de lui ?

– Pas grand-chose, dit-elle. Je n'aime pas les comédies, je préfère les films sérieux.

Sur ce, un serveur vint annoncer :

– Je suis navré, M. Chaplin, mais nous n'avons pas d'asperges fraîches ce soir.

– Vous... Charlie Chaplin ! dit la jeune fille maigre, sous l'effet de la surprise.

J'opinai malicieusement du chef et elle gloussa :

– Je suis aux anges à l'idée que vous ne soyez pas professeur d'anglais.

Et je suis fier de dire qu'à compter de cet instant, leur attitude se teinta d'une gentillesse affectueuse. Je leur demandai ce qu'elles avaient pensé de mes fanfaronnades et ma camarade affirma qu'elle n'en avait pas cru le moindre mot pour commencer. Elle avait été déstabilisée lorsque nous étions arrivés à l'hôtel ; elle avait alors échafaudé toutes sortes de scénarios :

– J'ai pensé que vous pouviez être un espion ou un détective. Puis, je me suis fait à l'idée de ce que vous affirmiez être : un professeur d'anglais.

Nous allâmes au cinéma après le dîner, puis je les raccompagnai chez elles.

– M. Chaplin, me dit ma camarade, ce fut la plus belle soirée de ma vie et je m'en souviendrai à jamais.

Il y eut quelque chose de mélancolique dans nos adieux. »

– Vous devriez écrire, me dit Frank une fois mon histoire terminée.

Sa remarque – émanant de quelqu'un que j'admire tant – me flatte. Il n'a pas conscience de la graine insidieuse qu'il vient de planter dans le champ de mon désir littéraire.

– Vous avez touché un point sensible, comme chez bien d'autres. J'aimerais écrire, mais la grammaire entraverait mon style, lui réponds-je.

– La grammaire est un non-sens. Qui fait autorité pour définir ce qui est grammaticalement correct ? Certaines expressions familières sont entrées dans l'usage et sont désormais acceptées. La seule faute qu'une phrase peut receler est l'ambiguïté.

–C'est vrai. Nombreuses sont celles qui me paraissent ambiguës. Ainsi par exemple, celle de Tennyson dans *Les Idylles du roi*: « Son honneur enraciné dans le déshonneur résista, et une foi infidèle le conserva fidèle à sa perfidie. » Cela me dépasse, tout autant que la phraséologie des rapports du Congrès! Tant de gens adoptent une posture snob quand on en vient à parler de grammaire. Ils y voient le signe d'une bonne éducation. Shakespeare et certains autres n'avaient aucun scrupule à utiliser des phrases agrammaticales. La plupart sont brillamment expressives et euphoniques, telle celle de l'*Ode au vent d'Ouest* de Shelley: « Sois moi! Être impétueux! » Dieu qu'un « je » n'aurait pas été musical dans ce vers! De même dans *Jules César* avec son « L'horloge a frappé trois coups » et dans *Comme il vous plaira*: « Rosalind ne sent donc point l'affection qui te dit que toi et moi ne fais qu'un. » Le dernier vers est un peu bancal grammaticalement, mais il me plaît. Ce « toi et moi ne fais qu'un » exprime à merveille l'union de deux êtres.

–Continuez ainsi, et dites-moi que vous n'avez pas le sens de l'écriture! s'exclame Frank.

–Je fais humblement ce que je peux et je verrai s'il est possible d'en tirer quelque chose, dis-je en plaisantant.

C'est ma dernière rencontre avec Frank: il mourra six mois plus tard. C'était une figure du monde littéraire, même s'il a largement été dénigré. Il s'est fait des ennemis, mais beaucoup d'amis aussi. Il défendait la cause des opprimés et s'est battu pour les principes en lesquels il croyait. Il écrivait certes avec franchise, mais il écrivait bien et je suis persuadé que ses œuvres lui survivront.

QUATRIÈME PARTIE

APRÈS MON SÉJOUR DANS LE SUD DE LA FRANCE, je remonte à Paris en automobile avec mon ami Harry d'Arrast[1], ce qui me donne l'occasion de découvrir le charme de la campagne, la richesse de la Bourgogne, la fertilité de l'Oise, avec ses champs verts et son bétail aux museaux tachetés par les boutons d'or.

Puis Harry me convainc de me rendre à Biarritz, la station balnéaire à la mode située près de la frontière espagnole. Nous faisons une halte d'une nuit au château de Brissac, chez le duc du même nom, une magnifique bâtisse du XIIe siècle. Nous visitons les celliers, dégustons divers millésimes et, en moins d'une soirée, me voilà expert ès vins. Les traîtres : sous leur effet, je me couche un peu éméché et me réveille fort ivre !

À l'origine simple village de pêcheurs, Biarritz est devenue l'une des stations balnéaires les plus courues d'Europe sous l'impulsion de l'empereur Napoléon III

1. Harry d'Abbadie d'Arrast (1897-1968), scénariste et réalisateur argentin, qui fut l'assistant de Chaplin, notamment pour *L'Opinion publique* et *La Ruée vers l'or*.

et de l'impératrice Eugénie. La saison y est continue et, malgré la crise, la vie y est joyeuse et divertissante. On se retrouve tous au Bar basque entre cinq et sept heures, où l'atmosphère est festive et sympathique ; on y discute des affaires du jour, installés sur la terrasse. Toutes les nations sont représentées, avec une prédominance d'Espagnols, d'Anglais et d'Américains.

Puis on se dirige vers le Café de Paris, le restaurant le plus connu de Biarritz, à l'excellente carte, dans l'espoir d'y trouver une table. Princes, comtes et millionnaires y font régulièrement la queue. L'endroit est petit, sa réputation irréprochable et ses prix raisonnables.

Il y a aussi les délicieuses soirées organisées par Jean Patou[2] dans sa splendide maison située à la sortie de la ville. Et celles du marquis de Sorreana, un noble espagnol, dont la très belle demeure abrite des ours polaires – l'une des fenêtres du salon donne directement sur la cage des créatures – et jouxte un atelier où il fait construire des bateaux de course à moteur pour le plaisir et non pour le profit ; il les vend à prix coûtant à ses amis. Cette usine privée emploie dix salariés – des ingénieurs et des mécaniciens – à l'année.

Je passe un après-midi magnifique, encore que révoltant, à Saint-Sébastien à l'occasion d'une corrida. Pour ce qui est des frissons et du drame, ce sport dépasse

2. Jean Patou (1887-1936), couturier et parfumeur français.

tous ceux auxquels j'ai pu m'intéresser. Mais sa brutalité sanguinaire me dégoûte. On m'a beaucoup parlé des techniques de la corrida, de la beauté de la danse de la mort.

Mon ami le marquis de Sorreana me prévient que le matador me dédiera vraisemblablement plusieurs taureaux ; je me munis donc de quatre paquets de cigarettes pour l'après-midi.

Le combat débute à quatre heures. L'arène est pleine d'hommes, de femmes et d'enfants. La procession de toréadors vêtus de leur costume coloré – une symphonie de bleus, de rouges et d'or – défile au son d'une marche espagnole des plus gaies entonnée par l'orchestre. Ils saluent la loge du président, puis se retirent tous, à l'exception du matador et de ses assistants qui affronteront le premier taureau.

Le combattant se dirige vers moi et, d'un geste majestueux, lance sa cape brodée d'or dans ma direction en s'écriant :

– Nous qui allons mourir vous saluons !

Alors qu'il fait demi-tour, il lance son chapeau pardessus son épaule. Je l'attrape au vol. Mon ami m'explique qu'il faudra que je le lui renvoie à l'issue du combat, après y avoir déposé un paquet de cigarettes à l'intérieur.

Tout est prêt. Le matador et ses assistants patientent ; les regards sont rivés sur la porte du condamné, située de l'autre côté de l'arène. En sort soudain, d'un pas lourd et la tête haute, un taureau magnifiquement puissant, empli de vie et de courage. Le sachant perdu, une vague de pitié m'envahit. Les toréadors attirent son attention en brandissant une cape rouge ; l'animal bondit alors vers eux d'une démarche joyeuse. Mais, au gré de son galop, son humeur devient belliqueuse et il finit la tête baissée, prêt à labourer l'étoffe. Les toréadors, déployés dans toute l'arène, l'excitent à tour de rôle. Pendant ce temps, le matador – le tueur – observe le taureau et tente de déceler ses faiblesses. Puis il le prend en mains, car c'est lui l'artiste, l'expert dans le maniement de la cape.

C'est l'heure de la *pièce de résistance*[3]. C'est l'heure du ballet, de la danse lors de laquelle la furie du taureau est maîtrisée et se mue en de splendides motifs artistiques.

L'animal n'est plus que rage, il dessine des cercles autour de l'homme en obéissant aux injonctions de la cape. Ils ne font qu'un, telle une sculpture. Soudain, l'une des cornes érafle le torse du matador et arrache un bout de son galon d'or. Nous retenons tous notre souffle, puis l'homme écarte l'animal d'un grand geste et s'en va d'un pas nonchalant, laissant la bête aux mains des toréadors, jusqu'à ce qu'arrivent les picadors.

3. En français dans le texte.

La cruauté vis-à-vis des chevaux est ce qui choque généralement le plus les étrangers assistant à une corrida. À dire vrai, ces misérables créatures sont déjà à moitié mortes lorsqu'elles pénètrent dans l'arène. Je m'enquiers auprès d'un Espagnol de la nécessité d'avoir recours à elles.

– On se doit d'accorder au moins une victoire au taureau, me répond-il.

Les chevaux sont amenés – ou plutôt traînés – dans l'arène : le spectacle peut continuer. Des banderilles sont plantées dans le dos du taureau, puis le matador reprend ses passes jusqu'au retentissement du clairon, qui sonne l'heure de la mise à mort de la bête. L'homme saisit alors une petite cape qui cache une épée. Le taureau, lui, poursuit ses approches. Épuisé et haletant, il se tient devant le matador qui sort précautionneusement l'épée de la cape, la pointe dans la direction de l'animal et met ainsi ce dernier en position de recevoir le coup mortel. Pour plonger la lame entre les omoplates du taureau jusqu'à atteindre le cœur de celui-ci, l'homme doit baisser la tête et se tenir légèrement en arrière. À cet instant précis, leurs chances sont à égalité : toute erreur de minutage au moment où la bête chargerait signifierait la catastrophe pour le matador.

J'assiste ce jour-là à une mise à mort des plus tragiques. Imaginez-vous une vaste arène baignée du silence de trente mille personnes et, en son centre, s'affrontant dans la pâle lumière du soleil, un homme et un taureau en proie aux affres de la mort.

L'animal courageux offre un magnifique spectacle, parfait terreau au talent artistique du matador. Quand ce dernier exécute le geste fatal, tout le monde retient son souffle. Mais l'animal ne s'effondre pas immédiatement : immobile, il fixe du regard son assassin en une sorte de dialogue, d'interrogation. Dans l'intense silence des trente mille spectateurs, un assistant tente de s'approcher du couple. D'un geste autoritaire, le matador le repousse, sachant qu'il a parfaitement porté l'estocade. L'homme et le taureau se font face pendant près d'une minute, sans un mouvement. L'attitude du matador semble dire le triomphe, en même temps que le regret, la pitié face à l'animal agonisant. Le silence est interrompu par le grondement d'un chariot qui passe aux abords de l'arène. Puis, dans le bruit qui s'évanouit, la bête s'écroule ; trente mille personnes explosent alors d'enthousiasme et se mettent à applaudir.

Après Biarritz, je rentre à Londres : j'ai l'intention de passer deux mois en Angleterre et de faire de nombreuses excursions dans le nord du pays avant de regagner Hollywood.

J'arrive à Londres dans ces moments difficiles précédant l'abandon par le pays de l'étalon-or.

Je déjeune à plusieurs reprises à la Chambre des Communes. Ce lieu est le temple de la tradition. Dans les vestiaires, un petit morceau de ruban rouge est accroché à chaque portemanteau: jadis, les députés y suspendaient leur épée. Comme à la Chambre des Lords, un long tapis d'un mètre de large environ est disposé devant le banc où siège le président. Tout député à la tribune qui s'en écarte se trouve, d'un point de vue métaphorique, hors de la Chambre : c'est la règle. Autrefois, les députés pris dans le feu du débat pouvaient brandir leur épée au nez de leur adversaire : une loi fut donc votée, qui leur interdit de dépasser le tapis pendant la discussion.

Je suis invité à dîner chez plusieurs membres de la Chambre. Certains ont chez eux une cloche directement reliée au Parlement, qui sonne quand, au cours d'une session, l'heure du vote est arrivée. Il m'arrive parfois, lors de grandes réceptions, de me retrouver le seul homme à table après le retentissement du fameux signal !

Les députés entrent dans la Chambre par une porte différente selon qu'ils votent oui ou non à un projet de loi controversé. Je me souviens d'un Écossais qui en sortit un jour bouleversé :

– Mon Dieu, j'ai voté pour l'ouverture des cinémas le dimanche sans le vouloir : je me suis trompé de porte ! Cela est très ennuyeux pour ma circonscription.

Dois-je préciser que je passai avec lui un long moment pour le convaincre que sa circonscription, au contraire, serait ravie d'une telle décision ?

Les dîners à la Chambre des Communes sont passionnants : on y rencontre des rois et des potentats du monde entier. Comme lors de cette soirée qu'y organise l'honorable M. Thomas – un simple repas en famille a priori. En retard de cinq minutes, je me confonds en excuses.

–Ne vous en faites donc pas Charlie. Laissez-moi vous présenter Sa Majesté, le roi de Serbie. Ainsi que M. McKenna, mon fils et ma fille. Approchez donc votre chaise et prenez place auprès du roi.

Je reçois un message du Mahatma Gandhi m'annonçant qu'il souhaite me rencontrer, à l'hôtel Carlton ou ailleurs. Nous finissons par nous donner rendez-vous chez son ami, le docteur C. L. Catial, sur Beckton Road, à Canning Town.

Pour être franc, j'ignore tout des ramifications de la politique hindoue. Les rares connaissances que j'en ai, je les dois à ma lecture rapide des gros titres dans les quotidiens. Mais M. Gandhi est une figure du XXe siècle, un dissident d'un genre nouveau, qui se sert de la résistance passive comme d'une arme. Cette stratégie moderne s'avère presque aussi efficace que la violence.

La maison du docteur Catial est située dans l'East End londonien. Pour m'y rendre, je traverse Clerkenwell, Whitechapel, East India Dock Road et fais un détour par Camden, le terrain littéraire de Thomas Burke[4] – une succession sans fin de taudis uniformes à deux étages ; tant de désespoir me fait frissonner.

Nous finissons par nous engager dans une petite voie qui donne sur Beckton Road. Une foule compacte est réunie dans cette humble ruelle; des voitures sont garées à perte de vue le long des trottoirs. Voilà ce que rapportera le *Daily Mail*: « Lorsque M. Chaplin descend de son taxi, l'attroupement l'encercle en l'applaudissant à tout rompre. Un large sourire aux lèvres, le cinéaste se fraie difficilement un chemin à travers cette cohue que les quelques policiers en faction ne parviennent pas à contenir. Un bouquet de fleurs lui est remis et des dizaines de mains lui donnent une tape dans le dos sur son passage. »

J'ai le plus grand mal à gravir l'escalier étroit de la demeure du docteur Catial. Je finis par être poussé dans une pièce d'à peine dix mètres carrés emplie de journalistes et de disciples du Mahatma, parmi lesquels se trouve Mlle Slade, une Anglaise coiffée d'un foulard de calicot blanc à la manière d'une madone.

4. Thomas Burke (1886-1945), écrivain et journaliste anglais, dont une grande partie des romans se déroulent dans l'East End londonien, zone défavorisée de la ville.

Le docteur Catial fait les présentations. M. Gandhi n'étant pas encore arrivé, je suis invité à m'asseoir. Les journalistes me bombardent alors de questions et me demandent, entre autres, quel est l'objet de ma visite. Ils sont interrompus par un cri venant de l'extérieur. Le Mahatma arrive : la foule est en liesse. Par la fenêtre, j'aperçois des policiers tentant d'ouvrir la voie à une limousine – un passant se débat pour en ouvrir l'une des portières. Souriant et serein, Gandhi se drape dans sa tunique et sort de l'automobile.

Tout près de moi, à la fenêtre, une Hindoue lance des poignées de fleurs sur le Mahatma et me dit :

– Tenez, faites de même.

– Oh non, jamais d'effusion pour moi, lui réponds-je.

La scène a quelque chose de comique : par affection, la foule malmène Gandhi qui tente de maintenir son vêtement de calicot autour de son torse – la pièce de tissu l'enveloppe de façon si incertaine que j'ai l'impression qu'elle va tomber à tout instant. Le Mahatma est cependant indemne quand il entre dans la pièce. Il me salue chaleureusement, avec une pointe de perplexité néanmoins, et me tend une main tout en continuant de retenir sa tunique. L'attroupement persistant à l'acclamer, le Mahatma s'approche de la fenêtre. Une Hindoue me presse alors et nous voilà, lui et moi, à lancer des sourires et des saluts à la foule. Nous demandons ensuite aux journalistes de bien vouloir s'en aller ;

ils s'exécutent mais insistent pour prendre une photo de Gandhi et moi avant de partir. Une fois la pièce débarrassée, je me retrouve assis à son côté tandis qu'il évoque des sujets personnels avec ses disciples.

L'une de ses admiratrices, une jeune Anglaise, prend place près de moi :

– Ne trouvez-vous pas que M. Gandhi a une personnalité extraordinaire ? me demande-t-elle. Une fois que vous aurez discuté avec lui, vous serez sous le charme.

Pas facile d'entamer une conversation entourés, à l'extérieur, d'une foule en délire et, à l'intérieur, d'une assistance bouche bée. Je suis mal à l'aise et ai le sentiment de me trouver dans une réunion évangéliste.

M. Gandhi est enfin libéré de ses disciples. Soudain, une voix retentit :

– Dites-moi, jeune femme, c'est M. Chaplin qui est ici pour s'entretenir avec M. Gandhi, pas vous. Alors, laissez-leur une chance.

Sur ce, la jeune Anglaise se lève tout en s'excusant. Le Mahatma et moi sommes désormais seuls sur le canapé. Mais l'éclat de voix féminin m'a terrifié ; il m'apparaît comme un défi. Gêné, je me tortille puis ris bêtement. On doit attendre de moi que je dise quelque chose de profond. Comment donc me suis-je fourré dans une situation si embarrassante, moi le simple acteur qui s'évertue à prendre du bon temps pendant ses vacances ? Que connais-je de l'Inde, de la politique, de ceci et de cela, et d'ailleurs, qu'en ai-je véritablement à faire ?

Je finis pourtant par me ressaisir et me lance :

–Je disais à l'instant à une jeune femme que je ne pouvais approuver tous vos principes. Ainsi aimerais-je savoir pourquoi vous êtes opposé aux machines, qui découlent, après tout, du génie de l'homme et s'inscrivent dans le progrès de son évolution. Elles sont là pour le libérer des liens de l'esclavage, pour l'aider à se divertir et à acquérir une culture plus vaste. Je vous accorde que les machines utilisées pour le seul profit font augmenter le chômage et engendrent une sacrée misère. Mais les employer comme un service – et pour aucune autre raison –, voilà qui devrait aider l'humanité et lui être bénéfique.

–Ce que vous dites est très juste, mais en Inde, les choses sont différentes, me répond le Mahatma. Notre peuple peut vivre sans machines : notre climat, notre mode de vie nous le permettent. Je voudrais que nous ne dépendions pas de l'industrie, cette arme que l'Occident pointe sur nous. Quand ce dernier aura découvert qu'il ne pourra tirer aucun profit de l'exploitation de l'Inde, il nous laissera en paix. C'est pourquoi nous ne devons pas être à la merci de votre industrie. Nous devons apprendre à cultiver notre propre riz et à filer notre propre coton – deux nécessités incontournables de la vie des Indiens. Les désirs de mon peuple étant modestes, ses exigences peu nombreuses, rien ne justifie donc que la complexité des machines occidentales entre dans sa vie.

– Mais vous ne pouvez pas régresser. Vous devez avancer, comme l'Occident. Et bientôt, vous adopterez vous aussi les machines.

– Nous le ferons quand il en sera temps. Mais avant cela, il nous faut gagner notre indépendance vis-à-vis d'elles si nous voulons recouvrer notre liberté.

Puis arrive l'heure des prières. M. Gandhi est alors encadré par Mlle Slade d'un côté et deux Hindous de l'autre. Pendant la cérémonie, qui dure près de cinq minutes – une série de psalmodies scandées en chœur, suivie d'une minute de silence –, le Mahatma penche la tête, sans prononcer un mot.

Quel moment étrange et irréel que celui qui se déroule dans cette petite pièce de l'East End londonien, au pied de laquelle une foule se presse : alors qu'un soleil diffus, couleur de bronze, disparaît derrière les toitures sombres, quatre individus – trois Hindous et une Anglaise – prient, les jambes croisées, sous les yeux d'une vingtaine de personnes !

Je m'en vais en me demandant si cet homme est bien celui qui guidera la vie de plus de trois cent millions d'êtres humains.

Le lendemain, je prends le thé chez Lady Ottoline Morrell[5] en compagnie de Lytton Strachey, d'Aldous Huxley et d'Augustus John[6], pour ne citer que quelques-uns des convives. Je leur raconte mon entrevue avec Gandhi.

J'ai une sorte de phobie des présentations, ne mémorisant que difficilement les noms – j'ai même du mal à me souvenir de celui de mon frère, c'est dire. Le nom de quelqu'un ne signifie rien à mes yeux; la mémoire fonctionne avant tout par association d'idées, or que peut-on associer à des patronymes tels que Peabody ou Finkelbaum ? J'aimerais que les présentations soient abolies et n'être accueilli que par l'hôtesse des lieux. La société deviendrait alors un terrain d'aventures : que cela serait agréable de s'adresser tout naturellement à un homme célèbre sans avoir à l'esprit la « marque » qu'il représente !

Dès lors que Lady Ottoline Morrell égrène avec légèreté les noms d'Augustus John et d'Aldous Huxley, je ne suis plus capable d'entendre quoi que ce soit d'autre.

5. Lady Ottoline Morrell (1873-1938) était une aristocrate anglaise qui eut une grande influence dans les cercles artistiques et intellectuels de son époque.
6. Lytton Strachey (1880-1932), écrivain et critique britannique, appartenait au Bloomsbury Group, fondé par Virginia et Leonard Woolf. Augustus John (1878-1961), peintre et graveur gallois, réalisa de nombreux portraits de ses contemporains : T. E. Lawrence, Thomas Hardy, Dylan Thomas…

J'ai déjà rencontré Huxley, mais le nom d'Augustus John résonne tant à mes oreilles que je ne parviens pas à accorder d'attention au reste de l'assemblée.

Je remarque, assis en face de moi, un jeune homme portant des lunettes et une barbe brune biblique. Je me souviens avoir vu son portrait – un grand tableau frappant, tirant vers la caricature et pourtant étonnamment vivant – lors d'une visite à la Tate Gallery.

Puis je me mets à expliquer mes sentiments envers la société, précisant que mon amour pour l'humanité n'a rien à voir avec mon amour pour les foules : le premier dépend d'un instinct fondamental et profondément ancré en moi, le deuxième de mon humeur. L'un et l'autre sont une source d'inspiration autant que d'angoisse, car intuitivement je les sens porteurs aussi bien de tendresse que de destruction.

– M. Strachey, que voici, me dit Lady Ottoline en souriant, est un égoïste qui réserve son amour à ses amis.

Et là, tout s'éclaire dans mon cerveau engourdi : le jeune homme est bien sûr Lytton Strachey, l'auteur de *La Reine Victoria*, des *Victoriens éminents*, etc. !

– J'irais même plus loin, ajoute ce dernier en plaisantant, je réserve mon amour intégralement à moi-même. Ma seule considération altruiste à l'égard de l'humanité est d'écrire à son sujet.

La personnalité d'Augustus John est envoûtante. Beau, grand, il a une barbe à la Van Dyck et la faculté d'attirer l'attention sans déployer le moindre effort. L'intérêt qu'il vous porte est flatteur et il a la capacité de vous faire parler. Cet après-midi-là, je lui raconte mes premiers pas avec la célébrité et ses conséquences psychologiques.

Aux premières manifestations de ma popularité, je me mis à déambuler régulièrement dans les rues de Los Angeles : tout me semblait magique, le monde m'apparaissait chaleureux et amical, à l'opposé des jours obscurs et moroses que j'avais traversés. Les gens s'intéressaient à ce que je disais et cela me surprenait de noter combien mes points de vue étaient pris au sérieux. Le succès avait soudain doté mes opinions d'une certaine importance.

C'est lors d'un voyage à New York, deux ans après mes débuts au cinéma, que je pris pleinement conscience de tout cela. J'avais câblé à mon frère, qui y séjournait, que je venais pour y trouver un travail, rémunéré un million de dollars par an avec ça ! Je montai dans le train à la hâte, une petite valise à la main – je n'avais pas idée alors de ce qui se passerait durant le voyage. Les opérateurs télégraphistes avaient dû relayer l'information de mon départ, car, lorsque j'arrivai à Amarillo, au Texas, des hordes d'enfants m'attendaient, accompagnés du maire et des officiels de la ville.

Au moment de notre entrée en gare, je me rasais dans les toilettes quand j'entendis une salve de hourras enthousiastes. Des voix criaient :

– Où est-il ?

Les voyageurs – moi y compris – se demandaient à quoi cette agitation était due.

Puis retentit un :

– Hip hip hip hourra pour Charlie Chaplin !

Je faillis alors me couper la gorge.

– Il est sûrement dans ce train, observa l'un des passagers.

– Oui, en effet, dis-je doucement, le visage couvert de savon à barbe.

Plusieurs hommes emplirent soudain le couloir :

– Charlie Chaplin est-il là ?

– C'est moi, bredouillai-je.

– Je suis le maire d'Amarillo et, au nom des enfants de notre ville, je vous prie de bien vouloir être notre invité pour le dîner, durant votre demi-heure de halte.

Nous nous dirigeâmes à l'intérieur de la gare, où des tables avaient été dressées et des banderoles accrochées au plafond, sur lesquelles était inscrit : « Bienvenue, Charlie Chaplin. »

Je ne sais ce que le maire pensa de moi, car je restai muet durant tout le repas. Il fit un discours me souhaitant bonne chance et un voyage sans encombre jusqu'à New York. Ma réaction fut étrange quand le train s'éloigna de la foule enthousiaste: j'étais un peu effrayé et pensif; je me sentais triste et seul, envahi par le sentiment d'être exclu, d'être considéré et traité comme une curiosité.

À chaque halte, les foules grossissaient. Des milliers de personnes attendaient dans les gares: je faisais alors une apparition sur la plateforme de mon wagon. Au début, c'était un plaisir, cela devint un devoir, puis finit par être une corvée. J'avais certes aspiré au succès et à la célébrité, mais n'étais pas préparé à les accueillir à une telle échelle; par ailleurs, leur soudaineté m'affolait.

En chemin, je reçus un télégramme de mon frère me signalant que les journaux annonçaient en grande pompe mon arrivée: la police, qui était sur les dents, lui conseillait de me faire descendre à la station de la 125e Rue plutôt qu'à la gare centrale. Tel un roi, j'arrivai donc incognito à l'hôtel Plaza et donnai une autre identité au moment de l'enregistrement. Les journaux titrèrent alors: « Charlie Chaplin est parmi nous et il se cache. » Mais je fus découvert assez rapidement.

Malgré tout le faste du succès, j'étais déprimé. Je me retrouvai à errer, seul, dans les rues de New York. Tout ça pour ça… Tout le monde me connaissait et je ne connaissais personne. Je me demandais: « Mais comment rencontre-t-on les gens? La célébrité n'est-elle donc qu'une série de manifestations publiques? Comment se faire des amis intéressants? » J'avais le sentiment que la popularité n'avait en rien modifié ma vie personnelle. Car je n'avais pas encore compris que se faire des amis découlait d'un processus plus lent que celui qui mène au succès.

Dans les premiers temps de ma carrière, je faisais souvent des tournées dans la province anglaise. À l'époque, je détestais les voyages, qui me tenaient éloigné de mon petit appartement londonien. À l'inverse, j'aspire aujourd'hui à visiter les villes modestes du Lancashire, à m'asseoir dans une cuisine, à la lueur d'une cheminée à l'âtre carrelé de bleu, et à humer l'odeur du pain ou du rôti à la cocotte qui cuisent dans le four. Quel plaisir que d'entendre à nouveau le trottinement des sabots en bois des filles et des gars partant au travail le matin !

À quatorze ans, je faisais partie de la Sherlock Holmes Touring Company. Trop jeune pour partager une chambre avec l'un des membres – plus âgés – de la troupe, j'habitais donc seul. Pour alléger ma solitude, je décidai de m'acheter des camarades : un lapin et une chienne. Mes sacs de voyage faisaient à l'époque de nombreux allers-retours entre la gare et chez moi ; à compter de ce jour, j'ajoutai mes nouveaux amis à mon barda. Je dressai la chienne à me suivre jusqu'aux abords de la gare : là, elle sautait dans l'une de mes valises et je la faisais passer au nez et à la barbe du contrôleur en chef. Plus tard, elle donna naissance à cinq chiots, ce qui me transforma en une ménagerie ambulante.

J'eus beaucoup de difficulté à faire accepter mes amis par ma propriétaire. Je trouvai la solution : louer une chambre et un salon attenant, sans rien dire bien sûr de la famille que je cachais. Quand ma logeuse découvrit que l'une de ses pièces avait été transformée en zoo, je lui lançai un sourire désarmant et, brandissant l'un des chiots, lui dit avec enthousiasme :

– N'est-il pas mignon ? Quand ils seront un peu plus grands, je vous en donnerai un.

Ma bonne volonté et ma générosité dissipèrent ses objections. Mais après quelques jours, l'odeur des animaux allait tempérer son indulgence. Je parvins néanmoins à cohabiter avec mes amis pendant plus d'un an.

Je décide, après la réélection du gouvernement de MacDonald, de me rendre à Manchester ; j'ai entendu parler des conditions de vie misérables qui y règnent. Je souhaite que ma visite soit la plus calme et la plus discrète possible. Je loue une voiture et fais une première étape à Stratford-upon-Avon, la ville natale de Shakespeare, où j'arrive un dimanche soir. Je descends dans une vieille auberge charmante, construite à l'époque du Barde[7]. Après le dîner, je fais un tour du village, en

7. Surnom donné à William Shakespeare.

quête du cottage de Shakespeare. La nuit est profonde. Sans connaître les lieux, je m'arrête d'instinct devant une bâtisse: aussi étrange que cela puisse paraître, il s'agit de celle que je cherche.

Le lendemain matin, le maire de Stratford, Sir Archibald Flower, me téléphone et a l'amabilité de me faire visiter ledit cottage, ainsi que le nouveau Théâtre Shakespeare, situé près de la rivière.

J'arrive à Manchester sous un déluge.

Je m'y sens étranger, contrairement à Londres. Seul le Midland Hotel, noirci par les âges, m'est un peu familier. Je ne m'attarde pas et reprends la route pour Blackburn, la ville où, adolescent, j'avais acheté ma chienne et mon lapin. Je me souviens vaguement de la grande place du marché, le Haymarket, et du Bull Hotel. Je ne suis pas déçu en arrivant: je reconnais tout, dont le fameux hôtel que je considérais autrefois comme un établissement de luxe, alors qu'il ne s'agit que d'une auberge d'une douzaine de chambres. Nous en prenons une pour la nuit et, après un brin de toilette, commandons des œufs et du bacon. Nous partons ensuite à la découverte de la ville.

Au milieu de la place du marché, les discours politiques vont bon train. Un groupe prête attention à un exposé sur le plan Douglas, ce nouveau système économique qui remporte de plus en plus de suffrages en

Angleterre. Un autre se concentre sur les propos de communistes dénigrant le Parti travailliste et qualifiant ses dirigeants de traîtres.

De retour à l'hôtel, je prends place au bar et écoute les ragots concernant le nouveau gouvernement, tout en sirotant un grog. À un moment de la conversation, je demande :

– Comment se fait-il que le Lancashire ait voté pour les conservateurs ?

– Ces dernières années, ça a été l'utopie parfaite par ici, me répond un vieux mineur. On a vécu du chômage, sans trop se poser de questions. Ça ne fait pas vraiment de bien au pays tout ça.

Quelle ironie cette « utopie parfaite » dans la bouche d'un homme qui passe la moitié de sa vie sous terre !

Mais c'est là l'esprit des Anglais, avec leur loyauté, leur sens des responsabilités, leur foi en ce qu'ils pensent être juste et droit.

Pour régler ma tournée, je sors malencontreusement une liasse de billets de ma poche. Un homme à l'allure louche me dévisage et, au moment de monter me coucher, je l'aperçois rôdant au pied de l'escalier.

On m'avait prévenu que les conditions de vie étaient très difficiles dans le Nord et qu'il n'était pas des plus sûrs d'être vu en automobile.

La chambre de mon chauffeur est à l'autre extrémité du bâtiment et la mienne plutôt isolée. Je découvre de plus que ma porte ne ferme pas à clé. Je me mets donc à lire pour tenter d'effacer ce sinistre visage de mon esprit. Une vingtaine de minutes plus tard, je m'endors. Pendant combien de temps? Aucune idée, mais soudain, je suis réveillé par des mouvements dans le couloir. Je me redresse en sursaut; il règne un tel silence de mort que j'entends les battements de mon cœur. Puis, je perçois quelqu'un se glisser jusqu'à ma porte et s'arrêter juste devant. La poignée se met à tourner doucement, le bois à craquer. Je tâtonne frénétiquement dans l'obscurité, à la recherche de l'ampoule électrique située au-dessus du lit. Je l'allume avec hâte et voilà que la porte qui bougeait s'immobilise. Toutes sortes d'idées assaillent mon esprit et j'imagine les gros titres des journaux: « Charlie Chaplin assassiné dans un hôtel de Blackburn. »

Je me lève avec prudence, referme la porte délicatement et la bloque en coinçant une chaise sous la poignée. L'intrus finit par s'en aller.

J'ai des sueurs froides toute la nuit et j'attends impatiemment le lever du jour.

Enfin le matin! Je commande mon petit déjeuner dans la chambre. Une jolie jeune fille du Lancashire m'apporte du jus d'orange:

–Avez-vous bien dormi, monsieur?

–Non, j'ai fait un rêve horrible dans lequel quelqu'un rôdait devant ma chambre.

Elle glousse malicieusement avant de s'en aller sans ajouter un mot. « Pourquoi a-t-elle ri ? Et pourquoi avec tant d'espièglerie ? » m'interrogé-je.

Je le lui demande quand elle revient avec mon café.

– Et bien, Monsieur, répond-elle timidement, l'une des femmes de chambre m'a prié de l'accompagner jusqu'à votre chambre. Elle voulait vous observer pendant que vous dormiez : c'était sa seule chance de vous voir. Nous avons attendu une demi-heure devant votre porte et, alors que nous étions prêtes à entrer, la lumière s'est allumée. Nous avons eu peur et sommes parties.

Quand je pense à la souffrance que j'ai éprouvée toute la nuit ! Je lui dis que je regrette de ne pas avoir vu son amie – j'aurais été bien plus enjoué ce matin si tel avait été le cas.

Aucun d'entre nous n'est cohérent toute sa vie durant. Nous sommes nombreux à édicter des principes et à prendre des résolutions qui finissent par se teinter de nos humeurs et de nos désirs, par évoluer sous l'assaut du temps et des circonstances. C'est pourquoi nous sommes rarement à la hauteur de notre propre philosophie. Walt Whitman disait, je crois : « Si je me contredis, et bien, je me contredis. »

Au début de cet ouvrage, j'annonçais que l'amour et les gens me lassaient. J'aurais dû écrire en vérité que c'était de moi-même que j'étais las, surtout à l'heure de rédiger ce livre. Mais, très chers lecteurs, vous êtes en partie responsables ! Vous ne devriez pas encourager un acteur à se prendre pour un littérateur trop sérieux !

Cependant, j'ai atteint mon but depuis mon arrivée en Angleterre : j'ai réinvesti le passé et reconquis ma jeunesse. J'ai vagabondé dans Kennington, rêvé dans Brixton et fait une halte dans chaque quartier de Londres. Au cours de ces pérégrinations, j'ai rarement croisé d'anciennes connaissances. Telle n'était d'ailleurs pas mon intention : je ne souhaitais partager ma rêverie avec personne. Mais désormais, je ressens l'envie irrépressible de renouer avec mes vieilles relations. Nombre d'entre elles sont mortes, d'autres ont été tuées pendant la guerre, rares donc celles qui sont encore en vie.

L'univers du vaudeville a considérablement changé : plusieurs des music-halls où j'ai travaillé dans ma jeunesse ont été transformés en cinéma. Fini le Canterbury and Paragon, le Tivoli, l'Oxford ; l'un des seuls qui demeurent est le Holborn Empire. Je remarque néanmoins pendant ce séjour londonien un renouveau du genre : le nom de Charlie Austin figure en haut de l'affiche du Palace Victoria, George Robey triomphe au Holborn. Robey était mon idole quand j'étais enfant. Je me souviens que, souvent, je l'attendais à l'entrée des artistes du Tivoli pour le suivre jusqu'à Trafalgar Square où il attrapait son bus. Je n'ai pas revu Charlie Austin sur scène depuis l'époque où il jouait au Barnard's Theatre, à Woolwich. Comme il était drôle et charmant! C'est donc décidé, j'irai le voir au Palace à mon retour à Londres. J'ai terriblement envie de retrouver l'esprit de l'ancien music-hall, de m'asseoir à l'orchestre dans un nuage de fumée de cigarette, un verre de bière à la main, et de reprendre en chœur un refrain populaire.

Pendant l'entracte, je rejoins Charlie dans les coulisses. Nous improvisons une réunion solennelle de vieux combattants – son amie Rose, la marchande de fruits et légumes de Covent Garden, est là elle aussi. Nous nous installons dans les loges et sabrons une bouteille de vin. Nous évoquons nos acteurs fétiches: Joe Elvin, Joe O'Gorman, les frères Egbert et leur numéro des *Éboueurs joyeux* (l'un d'eux avait épousé Dainty Daisy Dormer), Sanford et Lyons et leur sketch intitulé *Les Danseurs simultanés*.

–Que sont-ils tous devenus? demandé-je.

Certains se portent à merveille, d'autres sont désormais membres des Water Rats[8], un club pour les comédiens de music-hall dont l'existence remonte à l'époque de Dan Leno[9].

8. Association caritative créée en 1889 par le comédien Joe Elvin dont l'objectif est « d'assister les membres de la profession théâtrale (ainsi que ceux qui dépendent d'eux), que la maladie ou la vieillesse ont plongés dans le besoin ». L'organisation est toujours active et a eu pour membres Maurice Chevalier, Laurel et Hardy, Peter Sellers, etc.
9. Dan Leno (1860-1904), le plus célèbre comédien de music-hall britannique des années 1880.

–Charlie, me dit Austin, nous voudrions te nommer Water Rat. Tu pourras retrouver les vieux copains : ce serait formidable. Car après tout, tu as été l'un des nôtres et tu fais partie de notre famille.

L'utilisation de ce « tu as été » me blesse.

Peu fraternel, je ne suis généralement pas enclin à rejoindre les clubs ou les associations. Mais s'il y a une organisation à laquelle j'adhérerais volontiers, c'est bien les Water Rats.

La cérémonie d'initiation est impressionnante – un rassemblement d'Arlequin et de Pierrot des plus dignes. Joe Elvin et Joe O'Gorman, des types formidables de plus de soixante-dix ans, sont là : les clowns d'antan rendent hommage à un plus jeune. Will Hay, le comédien, est le Grand Maître, le ventriloque Fred Russell officie.

Je sors de là comblé par l'honneur que m'ont fait ceux qu'autrefois j'admirais et vénérais.

Mes amis américains s'accordent sur le fait que les Anglais ont un grand sens de l'hospitalité ; il faut, toutefois, du temps pour bien les connaître : ils semblent timides au premier abord, réservés au point d'en paraître froids, mais une fois que vous avez gagné leur confiance, ils sont décontractés et chaleureux.

Je n'ai jamais été attiré par la Suisse, ayant une aversion pour les paysages montagneux – ils m'oppressent et me donnent l'impression d'être isolé du reste du monde. La présence menaçante des montagnes qui se dressent vers le ciel fait naître en moi un sentiment de futilité. Je suis un homme des plaines bordées par l'océan, je suppose, car mon instinct bohémien me dit que c'est là que je suis le mieux armé pour survivre, là où la vie s'ouvre sur un horizon plus vaste.

Mais voilà, après m'être fait dorer au soleil de la Riviera, après avoir profité du printemps à Londres et survécu à ses brouillards automnaux, je sens qu'un changement atmosphérique me serait bénéfique. Comme de surcroît Douglas Fairbanks[10] est à Saint-Moritz, où il profite des sports d'hiver, j'ai toutes les bonnes raisons pour le rejoindre.

Je quitte Londres un matin et arrive à Saint-Moritz le lendemain après-midi. Dans ce paysage enneigé, l'air est revigorant. L'intense blancheur anime et vivifie l'esprit.

Mais vous retombez vite sur terre quand vous découvrez le prix de votre chambre d'hôtel! Cela dit, elle le vaut bien. Et justement, j'y passerai deux mois, au lieu des deux semaines initialement prévues.

10. Douglas Fairbanks (1883-1939), acteur américain, époux de Mary Pickford, avec lesquels Charlie Chaplin créa la société de distribution United Artists, qui leur garantissait une indépendance financière et une liberté artistique.

Douglas Fairbanks tient à m'initier au ski, qui m'est toujours apparu comme un sport facile. Ça alors! Je ne savais pas que je pouvais faire autant de nœuds avec mon propre corps. Pendant les deux premières heures, mes jambes m'encombrent et je ne cesse de me marcher sur les pieds. Les virages sont ce qu'il y a de plus complexe. Mais j'ai trouvé une solution: je m'assieds sur mes talons et pivote ensuite dans la direction vers laquelle je souhaite aller. Bien entendu, je ne m'assieds pas toujours de façon délibérée…

Descendre une colline sur des skis n'est pas difficile pour un débutant, surtout si aucun obstacle ne vient barrer son chemin. Le problème est de s'arrêter, c'est là le point épineux. On vous apprend qu'il faut rentrer les genoux, écarter les pieds, tourner les chevilles, tout en plantant le quart de vos skis dans la neige. À chaque fois que je m'y essaie, cela se termine par un grand écart.

Pour avoir une idée du plaisir que j'éprouve lors de ma première journée sur des skis, il faut vous imaginer dévalant – lentement pour commencer – une colline, ravi et excité par votre propre force motrice, le visage caressé par une brise glacée. Puis, à mesure que vous prenez de la vitesse, votre euphorie se meut en une anxiété grandissante, d'autant que la pente devient abrupte et que vous la descendez désormais à 80 km/h. Vous croisez des rochers, des arbres et d'autres obstacles qui vous évitent miraculeusement. Après tant de triomphes gymnastiques, vous gagnez confiance en vous et filez à toute allure, résolu à aller jusqu'au bout du bout. Puis apparaît un rocher à l'apparence sinistre, qui se rue vers vous d'un air menaçant. Il est bien déterminé à vous piéger cette fois-ci. Vous avez le cœur au bord des lèvres, vous devenez soudain philosophe, vous vous rappelez vos doux souvenirs – qui remontent à l'époque où vous ne vous étiez pas encore mis au ski –, vous contemplez la mort qui approche, vous imaginez votre crâne percuter la pierre, et votre corps être projeté par-dessus, telle une paire de pantalon vide. Mais non, vous n'êtes pas tué, vous survivez, paralysé à vie.

Toutefois, c'est le miracle : une force métaphysique fait naître un sentiment de compassion chez le rocher, qui vous accorde le droit de simplement l'effleurer. Vous poursuivez alors votre descente, votre esprit reprend le contrôle de vos réflexes et vous décidez de vous asseoir sur vos talons, pas aussi délicatement que vous l'auriez souhaité néanmoins, puisque vous vous affalez ! Vous extrayez votre tête de la neige et découvrez que vous n'avez pas perdu connaissance. Vous vous redressez automatiquement, inquiet à l'idée que quelqu'un aurait pu vous remarquer. Puis un être supérieur s'approche de vous tout en souplesse et vous demande :

– Vous êtes-vous fait mal ?

– Non, aucunement, merci à vous, répondez-vous avec entrain.

Vous tentez alors de repartir, mais une fois l'inconnu hors de vue, vous changez d'avis – raison est mère de courage –, vous déchaussez vos skis et vous arrêtez là pour aujourd'hui.

Mais les choses évoluent, chers lecteurs, car je suis devenu… La modestie m'oblige à poursuivre en m'abritant derrière l'extrait d'un article paru dans le *South Wales Argus*: « Les passants de Saint-Moritz ont été fascinés de voir un petit bonhomme descendre à toute allure l'une des rues escarpées du village et stopper net devant l'entrée de son hôtel. Le correspondant de l'agence Reuters nous apprend qu'il s'agit de Charlie Chaplin, le clown du cinéma. Peut-être sont-ce les souvenirs douloureux de ses mésaventures avec les portes-tambour qui lui ont permis cet arrêt si précis. Les experts en ski ont déclaré qu'il avait réalisé là un véritable exploit. Charlie est en train de devenir un maître ès ski. »

Cette coupure de presse est l'une des plus précieuses de ma collection.

La vie mondaine est très gaie à Saint-Moritz. Les matinées sont consacrées au sport: ski sur le domaine de Corviglia et excursions jusqu'à Davos, puis descentes en luge sur la piste de Cresta Run et compétitions, entre autres, de saut à ski et de course à cheval sur le lac gelé. Nous sommes tous friands des déjeuners joyeux au Corviglia Club où nous prenons des bains de soleil entourés de sommets enneigés. Dans l'après-midi, nous redescendons vers la ville à ski, et arrivons à l'hôtel pour le thé.

Puis, juste le temps de se changer et il est sept heures, l'heure des cocktails servis au bar. Les festivités battent alors leur plein. On vous rappelle qu'il vaut mieux que vous « laissiez tomber » les olives et les chips, puisque le dîner doit commencer à huit heures et demie. Sans oublier qu'une soirée étant prévue – au bar aussi – à dix heures, il vous faut donc « dîner léger ». Et la grande vie se poursuit ainsi jusqu'à trois, quatre, cinq heures du matin – cela dépend de vos facultés ou de votre vitalité.

Durant la saison, les amis des uns et des autres viennent passer quelques jours à Saint-Moritz : l'élite et la bonne société d'Hollywood, de Londres, de Paris, de Berlin et de New York sont bien représentées. Vous serez surpris d'apprendre cependant qu'il y a un personnage remarquable que je n'ai *pas* rencontré : Son Altesse royale, l'ancien prince héritier d'Allemagne. Voici comment cela s'est passé.

Un après-midi, à l'hôtel, sur le point de finir ma tasse de thé, j'entendis quelqu'un s'exclamer :

– Oh ! Voici l'ancien prince héritier d'Allemagne.

– Vraiment ? dis-je.

Diverses idées se bousculèrent alors dans mon esprit. Pendant que j'observai Son Altesse royale sirotant son thé de Ceylan, je me rappelai le film que j'avais réalisé intitulé *Charlot soldat* : une comédie sur la Première

Guerre mondiale, dans laquelle l'ancien prince héritier d'Allemagne tenait un rôle important. Et puis soudain, je me souvins qu'il me fallait passer un coup de fil et quittai l'hôtel sur-le-champ.

J'ai organisé mon retour en Californie par l'Orient : je dois m'embarquer à Naples, traverser le canal de Suez et rejoindre le Japon, accompagné de mon frère qui m'attend à Rome.

Je quitte la Suisse avec un ami, M. Plesche ; nous voyageons jusqu'à Rome en voiture, ce qui me permet de visiter le pays. À la frontière, je suis marqué par l'atmosphère qui règne en Italie, où discipline et ordre sont de mise, où prédominent désir et espoir. Une vie nouvelle s'est insinuée au cœur de ce décor médiéval. À chacune de nos étapes, nous sommes reçus avec efficacité et courtoisie.

Un message m'attend à mon arrivée à Rome, m'annonçant la possibilité d'une entrevue avec Mussolini. Elle n'a finalement pas lieu, car je ne passe que deux jours dans la capitale, délai trop court pour qu'Il Duce m'accorde de son temps précieux.

Cela dit, rencontrer des personnes dans un cadre officiel revient à visiter une maison sans y entrer. Je me souviens de mon rendez-vous à la Maison-Blanche avec le président Wilson, pendant la troisième campagne des

Bons pour la Liberté[11]. Nous étions quatre : Mary Pickford, Marie Dressler[12], Douglas Fairbanks et moi-même. On nous introduisit dans le fameux Salon vert où nous fûmes invités « à bien vouloir nous asseoir ». J'avais écrit un discours pour l'occasion, dans lequel je souhaitais faire part au président des anecdotes flatteuses et amusantes le concernant.

Un fonctionnaire entra :

–Veuillez vous lever et vous mettre en ligne, s'il vous plaît.

Puis le président arriva.

–Veuillez tous avancer d'un pas, poursuivit le fonctionnaire, qui fit les présentations de façon officielle.

Bienveillant, le président considéra que c'était à lui de nous raconter quelque chose alors que nous étions ainsi alignés devant lui. Désireux d'alléger la solennité de l'instant, je me mis à rire avant qu'il n'eût le temps de terminer son propos, ce qui me valut des regards inquiets de la part de mes camarades. Puis ce fut le moment des silences embarrassants. Marie Dressler prit les choses en main et se mit à son tour à raconter une histoire. N'ayant rien entendu des interventions de l'un et de l'autre, je ne me souviens pas de ce qui fut

11. Campagne qui eut lieu en avril 1918 pour soutenir les bons émis par le gouvernement, afin de couvrir les dépenses entraînées par la participation des États-Unis à la Première Guerre mondiale.
12. Marie Dressler (1868-1934), actrice d'origine canadienne.

dit – je me rappelle simplement mes rires polis. Mary se retrouva ensuite à décrire au président l'esprit formidable et le désir de coopération qui régnaient dans le pays. Une chance se présenta alors à moi d'intervenir et je dis d'une voix étranglée :

– En effet…

Mais, inquiet à l'idée de commettre une faute de grammaire, je me trouvai dans l'incapacité de poursuivre. Ce fut là ma seule contribution à cette entrevue et je quittai la Maison-Blanche joyeusement ébahi et fier.

J'aimerais prolonger mon séjour à Rome – il y a tant de choses à y visiter. Mais il faut avoir l'esprit libre pour cela, or je suis dans un éternel tourbillon d'excitation et d'expectative. Je pourrais traduire ce sentiment par touches kaléidoscopiques :

« Arrivée à minuit. Rues désertes. Impressionné par la lumière du Tibre. Accueil chaleureux de la part de mes amis et des journalistes. Message à l'hôtel : possibilité d'un rendez-vous avec Mussolini. Après un souper froid, longue marche. Rome n'est pas à la hauteur de ce que j'imaginais. Couché à quatre heures du matin. Debout à onze. J'attends des nouvelles de Mussolini. Entre-temps, visite de Saint-Pierre, du Forum romain et du musée. Retour à l'hôtel. Pas de nouvelles de Mussolini. Nouvelle promenade. Retour à l'hôtel. Cette fois, des nouvelles de Mussolini : impossible d'arranger une entrevue en si peu de temps. Décision de quitter Rome pour Naples le lendemain matin, afin d'y embarquer pour l'Orient. »

La traversée est sans histoire et le temps clément tout du long. Le seul fait marquant est le troc du pantalon contre le short une fois en mer Rouge, mais ce dernier étant une sorte de pantalon tropical qui laisse voir les genoux, il ne m'inspire aucune confiance.

Il fait assez chaud lorsque nous arrivons à Colombo, la capitale de Ceylan, et je commence à regretter ce fameux short, pour lequel mon frère a opté. Une escale de vingt-quatre heures est prévue, ce qui nous permet d'aller passer la nuit dans la ville sacrée de Kandy, à environ cent kilomètres de Colombo. Ceylan est l'incarnation de mes rêves d'exotisme : y règne le mysticisme de l'Orient en même temps que le charme des tropiques. Sur la route, nous sommes enchantés par les lieux étranges que nous découvrons et par les parfums qui saturent l'air.

Les nuits de pleine lune donnent lieu à des cérémonies chez les Ceylanais. Ainsi, tombons-nous soudain sur une procession : des guirlandes de lampes et des torches se découpent dans la nuit, des jongleurs font tournoyer des boîtes de feu attachées à une corde comme s'il s'agissait d'un bâton et dessinent ainsi des motifs ressemblant à des moulins à vent; des hommes et des femmes les suivent et chantent au son des tambours Puis surgissent deux guerriers vêtus de leur armure hindoue étincelant dans la lumière des flambeaux. Notre chauffeur nous explique que ces danseurs incarnent le diable.

Nous nous arrêtons pour assister au défilé, quand les deux guerriers s'avancent vers nous – cela m'inquiète un peu vu leur air exalté. Le reste de la procession, qui continue de fredonner au son des percussions, nous encercle. Soudain, les danseurs bondissent, tournoient dans les airs et pivotent d'une façon des plus étranges et des plus démoniaques. Puis ils s'approchent de nous et nous font une révérence: nous comprenons tout de suite ce qu'ils sous-entendent et plongeons nos mains dans nos bourses. Puis nous les quittons.

Durant le voyage jusqu'à Kandy, je ne cesse de dire à mon frère:

– Savais-tu qu'un tel endroit existait? Nous devrions nous installer ici pour nos vieux jours et nous acheter une plantation de thé.

C'est l'effet que me fait ce pays depuis notre arrivée.

Nous atteignons Kandy assez tard, soupons à l'hôtel et louons des rickshaws pour faire un tour du lac sacré. Je me souviendrai toute ma vie de cette nuit – ou plutôt de cette aurore: l'air étouffant et le chant singulier des insectes, les conducteurs de cyclo-pousse marchant en silence au clair de lune et nous désignant ici et là des tortues sauvages se languissant sur les rives du lac.

Sur le chemin de retour, deux ou trois badauds me reconnaissent, à qui je lance une pièce:

–Merci, notre seigneur et maître, me remercient-ils, et tout cela pour vingt-cinq cents.

Mais tout le monde est « seigneur et maître » par ici.

Le lendemain, nous visitons le temple: sur les marches sont alignés des mendiants professionnels, un mouchoir déplié devant eux et les mains tendues. Le bouddhisme apprend à ne jamais rejeter les faibles. C'est un spectacle bouleversant que d'observer cette pauvre Ceylanaise descendre majestueusement et d'une traite les marches du temple, la main pleine de riz, faisant couler quelques grains dans le mouchoir de chaque mendiant – le denier de la veuve, en somme.

Au moment de notre départ, une foule d'autochtones en liesse encercle l'hôtel. Aussi curieux que cela puisse paraître, et malgré l'atmosphère séduisante des tropiques, je suis heureux de m'en aller. Mon désir de m'installer ici n'est plus aussi vif qu'à mon arrivée: l'attraction hypnotique qui vous séduit avec fougue finit par vous rebuter tout autant. Ébloui par la beauté de l'île, je la quitte néanmoins convaincu que ce n'est pas un endroit pour les Nordiques.

Escale suivante: Singapour, qui signifie la Cité des Lions en malais.

Les alentours sont d'une beauté époustouflante: les arbres surgissent de l'océan, tels les motifs sur des assiettes de porcelaine bleue.

Je suis décontenancé par ce que je découvre de la ville au premier regard; mon imagination est sans doute déformée par la manière pittoresque et sensationnelle dont Hollywood la dépeint, avec ses ruelles malfamées et ses groupes de gens sinistres à chaque coin de rue. Car ce que j'aperçois en arrivant dans le port, ce sont des espaces verts et des jardins puis, au second plan, des immeubles de granite grandioses. Des myriades de voiliers gîtent dans la baie, des paquebots blancs sont à l'ancre dans l'attente de leur chargement, le port est éclatant de couleurs et de vie tropicale.

Les foules sont moins démonstratives ici qu'à Ceylan. En même temps, Singapour ne se situe que deux degrés au-dessus de l'équateur: je ne peux donc pas leur en vouloir…

Je suis tout de même accueilli chaleureusement par un rassemblement de taille raisonnable, qui me photographie et m'interviewe.

Nous arrivons à l'hôtel à l'heure du déjeuner, juste à temps pour un *rijsttafel* – il s'agit d'une préparation culinaire originaire des Établissements des Détroits[13], qui nécessite vingt serveurs. Vous commencez par un peu de riz, puis on vient vous présenter diverses viandes au curry, des épices, des légumes, des bananes, des noix, etc., que vous disposez sur une même assiette. Vous vous lancez alors dans l'exploration de ce que vous avez devant vous, surpris par tel mets, enchanté par tel autre. Puis vous quittez la table, secoués de haut-le-cœur gastronomiques.

Nous naviguons sur le *Van Lansberge* vers Batavia, la capitale de Java, dans les Indes orientales néerlandaises. Une foule importante nous attend sur le quai pour nous offrir une couronne de bienvenue. Notre plan est de traverser Java en voiture jusqu'à Soerabaja afin d'y prendre un bateau pour Bali.

Je n'entrerai pas dans le détail de notre voyage, mais vous dirai simplement qu'il nous faut six heures pour rallier Bandoeng depuis Batavia – les routes sont en bon état. Là, nous descendons à l'hôtel Preanger, où nous cédons au plaisir d'un bain chaud à l'européenne : c'est le seul établissement de Java à offrir une telle prestation – partout ailleurs, vous trouverez, en guise de baignoire,

13. Territoires constitués par les actuelles Malaisie et Singapour, administrés de 1826 à 1946 par la Compagnie britannique des Indes orientales, puis par la couronne. Pour précision, le *rijsttafel*, recette issue de la colonisation néerlandaise, est en réalité originaire d'Indonésie.

un bac dans lequel vous puisez l'eau à l'aide d'un récipient pour vous en arroser.

Après le dîner, nous reprenons la route jusqu'à Garoet, où nous passons la nuit. C'est là que j'ai ma première expérience avec une « *Dutch wife*[14] », qui s'avère indispensable après un certain temps passé sous les tropiques. Une « *Dutch wife* » est une sorte de traversin que vous glissez entre vos genoux pour vous rafraîchir durant les nuits étouffantes et qui apaise ainsi vos nerfs. J'éclate de rire quand on m'explique la fonction de ce polochon, mais après y avoir été initié, j'exige, au moment d'aller me coucher, que mes « droits conjugaux » soient honorés.

Cela dit, pendant les nuits, il y a plus qu'une simple « *Dutch wife* » pour vous tenir compagnie : des insectes ailés et tropicaux volettent autour de votre moustiquaire, vous chantant une sérénade composée de bruits étranges. Partout dans la chambre sont disposés des chasse-mouches pour les éloigner. Les aventures de ma première nuit ici me donnent de nombreuses idées comiques pour mes films.

La vue de nos chambres est magnifique, qui donne sur les montagnes avoisinantes et la vallée en contrebas. Tout est vert et rayonne d'une luxuriance tropicale. Frais et dispos, nous déjeunons aux sources d'eau chaude de

14. Il n'existe pas de traduction française à cette expression, qui signifie littéralement « épouse néerlandaise ».

Tjipanas. Nous visitons les lacs alentour où des familles autochtones prennent leur bain : pour quelques pièces, elles remontent sur la rive, inconscientes de leur nudité.

De là, nous rejoignons Jogjakarta et visitons son célèbre temple de Borobudur, qui fut longtemps enseveli sous la jungle. Puis direction Soerabaja, où nous sommes attendus par une foule à l'hôtel ; c'est là que nous embarquons pour Bali.

CINQUIÈME PARTIE

J'AI ENTENDU PARLER DE BALI pour la première fois lors d'une conversation avec mon frère sur l'agitation qui secouait le monde.

– Si les choses empiraient, je partirais pour Bali, une île préservée de la civilisation, où on peut s'asseoir sous la chaleur des palmiers, cueillir les fruits à même les arbres et vivre au rythme de la nature, m'expliqua-t-il. Là-bas, personne ne se préoccupe de la crise. La vie de tous les jours y est simple, et les femmes belles.

À l'époque, sa description n'éveilla guère mon attention. Mais alors que nous étions en route pour le Japon, il y a quelques semaines, le sujet fut à nouveau d'actualité : nous étions en Méditerranée, près de Port-Saïd, quand mon frère m'apporta un guide de voyage.

– Voici un article intéressant sur Bali, me dit-il. C'est là que se rendent deux jeunes Américains qui sont à bord avec nous.

Je feuilletai le livre pendant la journée et, après en avoir lu un chapitre, j'étais conquis. Le lendemain, nous discutâmes avec les deux jeunes hommes, des artistes américains qui avaient étudié en Italie.

–Ce n'est pas le moment de rentrer aux États-Unis, nous dirent-ils. Nous ne ferions que grossir les rangs des chômeurs. Nous avons donc décidé d'économiser le peu d'argent qu'il nous restait et d'aller à Bali. On peut y vivre pour cinq dollars par semaine. Plutôt attrayant, non ?

Le capitaine du bateau qui nous mène de Java à Bali déplie une carte : la surface de l'île est d'environ cinq mille huit cents kilomètres carrés ; elle est séparée de Java, à l'ouest, par le détroit de Bali ; à l'est, se trouve sa voisine, Lombok ; sa capitale est Singaradja ; elle est densément peuplée par plus d'un million d'habitants, soit un peu moins de deux cents habitants par kilomètre carré ; on ne connaît pas grand-chose de son histoire ancienne et on y trouve peu de trace de l'influence de Java. La religion, mélange de divers cultes – pré-hindouiste et polynésien avec une touche de bouddhisme –, tient une part importante dans la vie des Balinais. La société civile est intimement liée à la vie du temple.

J'aperçois Bali pour la première fois dans la lumière du matin : nous naviguons le long de ses magnifiques rivages, en route pour Buleleng, notre destination. Des nuages gris et duveteux coiffent les montagnes verdoyantes, dont les sommets ressemblent à des îles enchantées suspendues dans les airs. Des paysages majestueux et des anses accueillantes défilent jusqu'à notre arrivée. Que ce port est différent de ceux que l'on trouve dans les pays civilisés : pas de cheminées qui gâchent l'horizon, pas de cale sèche encrassée où sont remis en état des navires rouillés, pas de fonderies, d'entrepôts ni de tanneries ! Mais un simple quai de bois, quelques bateaux pittoresques et des maisons au toit de tuiles rouges.

Nous sommes au nord de Bali. Buleleng est un centre d'échanges – sur la rue principale, une trentaine de magasins tenus par des Chinois et des Hindous –, dans lequel sont installés les officiels néerlandais et le gouverneur. Celui-ci a la courtoisie de nous inviter dans sa résidence où nous rencontrons de nombreux fonctionnaires.

Je découvre avec effroi que les Balinais connaissent deux ou trois de mes films :

– Mon Dieu, suis-je venu jusqu'ici pour avoir de nouveau droit à un accueil à la Rotary Club ?

Après une tasse de thé chez le gouverneur, nous nous mettons en route à vive allure pour le sud de l'île.

Où sont donc les jolies femmes ?

On m'avait dit qu'elles se promenaient torse nu, mais je les trouve toutes très respectablement couvertes.

Les paysages deviennent de plus en plus beaux au gré de notre excursion. Des pousses de riz vertes croissent dans des champs argentés, qui forment de larges terrasses épousant le flanc des montagnes. Dans les villages que nous traversons, les murs sont remarquables et les entrées des maisons imposantes. On dirait les remparts de quelques anciens domaines, vestiges d'une certaine influence occidentale. Mais il n'en est rien : ce sont les enceintes des demeures balinaises, érigées pour éloigner les mauvais esprits. Elles sont paradoxales : tant de magnificence dans leur construction pour protéger des bâtiments si primitifs.

Cela fait un quart d'heure que nous roulons quand mon frère me donne un coup de coude :

– Regarde là, vite !

J'aperçois alors une rangée de créatures majestueuses marchant le long de la route, les jambes couvertes de simples batiks et la poitrine nue. Elles ont l'air si pittoresque à défiler ainsi, portant sur leur tête un pot de terre galbé, une main le retenant, l'autre se balançant au rythme de leur pas. Les hommes sont tout aussi étonnants : leur corps est souple, leur peau éclatante, leurs muscles saillants sous le poids des gerbes de riz accrochées à des perches de bambou posées sur leurs épaules. Les routes, vierges de toute pancarte commerciale, sont bonnes. La campagne grouille de vie : des hommes et des femmes travaillent dans les rizières, d'autres mènent leur bétail au marché. Chacun de leur geste, aussi bien dans leur labeur que dans leur loisir, est empreint d'une grâce solennelle.

L'architecture de l'hôtel dans lequel nous descendons dans le sud de l'île est moderne. Les Hollandais font bien les choses, il faut l'avouer : les chambres sont divisées en deux – sur l'avant, un salon ouvert, telle une véranda ; à l'arrière, les quartiers pour la nuit, cachés derrière une cloison. Quel bonheur d'être loin de la civilisation, libéré des plastrons et des cols empesés ! J'adopte rapidement le style local et me promène vêtu d'une simple chemise ample, d'un pantalon et d'une paire de sandales. Imaginez ma déception quand je découvre une note dans ma chambre m'indiquant que les clients de l'hôtel doivent porter une tenue de soirée pour se rendre à la salle à manger ; indigné, je décide de dîner sans me changer ni me raser.

Ce soir-là, l'aquarelliste Hirschfeld[1] et sa femme nous appellent pour nous inviter dans la petite maison qu'ils louent à un autochtone depuis leur installation sur l'île il y a deux mois – maison dans laquelle Miguel Covarrubias[2], le caricaturiste mexicain, a séjourné avant eux.

1. Al Hirschfeld (1903-2003) était un dessinateur américain, dont le travail fut publié entre autres dans le *New York Times*, le *Life Magazine* et le *New Yorker*.

2. Miguel Covarrubias (1904-1957), peintre et caricaturiste mexicain, dont les dessins furent régulièrement reproduits dans *Vanity Fair*, le *New Yorker* et *Fortune*.

Après le dîner, les Hirschfeld, mon frère et moi nous rendons chez eux à pied, dans la nuit chaude et voluptueuse. Le long du chemin, des formes inquiétantes surgissent de toutes parts. Des banians géants et des cocotiers élancés se dressent silencieusement vers le ciel étoilé. Pas un souffle de vent. Soudain, à trois cents mètres devant nous, un flot de lumière jaillit d'un renfoncement, accompagné du tintinnabulement de tambourins et du fracas de gongs. Une mélodie tonale, aux accents profonds et lents, sous-tend cette confusion de cliquetis, comme en contrepoint au rythme ternaire. Les sons aigus sont pareils à des galets lancés à la hâte dans un bassin silencieux, les graves pareils à des gouttes de vin coulant dans une coupe de cristal. En nous approchant, nous découvrons des groupes d'indigènes, pour certains accroupis. Les jeunes filles sont assises, entourées de paniers et de loupiotes, et vendent divers petits mets. Nous fendons la foule jusqu'à un patio sous lequel des musiciens sont installés en carré, leurs instruments – qui ressemblent à des xylophones – posés devant eux.

Au centre, deux petites filles, âgées d'à peine dix ans, sont agenouillées, emmaillotées dans des sarongs brodés d'or, une coiffe clinquante sur la tête, qui scintille à la lumière des lampes. Elles dansent les bras tendus, ondulant tels des serpents et se balançant sur leurs genoux au son de la musique qui bourdonne.

Elles se meuvent ainsi pendant une demi-heure, sans cesse à l'unisson, empruntant occasionnellement un chemin de traverse pour un solo, avant de reprendre le cours des choses en une unité parfaite. Elles dodelinent de la tête, roulent des yeux écarquillés, agitent leurs doigts. Quelque chose de diabolique émane du mouvement de ces nuques, de l'affût de ces regards, du frémissement de ces mains, de cet abandon à la danse dans une joie névrotique. De temps en temps, le tempo s'accélère pour faire place à un crescendo évoquant un torrent déchaîné qui finit par se muer en une rivière paisible rejoignant la mer. Puis l'intensité du rythme va en décroissant, sorte de dissolution dans le néant. Les danseuses sont immédiatement happées par la foule et disparaissent de notre vue. Pas un applaudissement, pas un compliment. Elles ont magnifiquement dansé, ce que les spectateurs apprécient en silence. Je découvre que les mots « amour » et « merci » n'existent pas en balinais. Ces fillettes ont dansé avec application, tendant vers la perfection, sans aucun espoir de profit personnel. Personne ici ne se fait payer pour ce genre de spectacle, tout le monde y participe gratuitement. Ainsi, les habitants d'un village peuvent-ils se produire dans un autre village, et parcourir même des kilomètres pour cela, et ne recevoir qu'un repas en guise de remerciement.

Nous sommes enfin chez les Hirschfeld, où nous nous asseyons sur la véranda, des myriades d'étoiles au-dessus de notre tête. C'est ma première nuit à Bali. Quelle différence avec tout ce que j'ai vu jusqu'ici! Combien je me sens loin du reste du monde! L'Europe et l'Amérique me semblent irréelles, comme si elles n'avaient jamais existé. Alors que cela ne fait que quelques heures que je suis sur cette île, j'ai l'impression d'y avoir toujours vécu. Qu'il est aisé à un homme de revenir à son état naturel! Et quel sens accorde-t-il alors à l'idée d'une carrière, de la civilisation? On puise chez les Balinais, peuple accommodant s'il en est, le véritable sens de la vie: travailler et jouer, l'un et l'autre étant aussi importants dans l'existence d'un homme. Tel est du reste le secret de leur bonheur. Pendant mon séjour, je ne croiserai d'ailleurs que rarement des visages tristes.

Leurs conventions sont différentes des nôtres. Ainsi par exemple, le propriétaire des Hirschfeld a-t-il deux femmes; il néglige la plus âgée et, lorsque Mme Hirschfeld le lui fait remarquer, il hausse les épaules et lui répond:

–Elle n'est plus jolie désormais.

Cela peut nous paraître cruel, à nous Occidentaux, et cependant, la paix et l'harmonie règnent dans le foyer de cet homme, et ses épouses sont toutes deux à l'abri du besoin. Le fils de la première est d'ailleurs plus choyé par la seconde que par sa propre mère.

Les Balinais ne vivent sans doute pas l'amour tel que nous l'entendons, et pourtant, ils semblent heureux au regard de notre monde occidental qui brandit les vertus de l'amour et de la romance, résumées en la devise suivante : « Foi, espoir et charité. » Observez les visages des foules de nos grandes villes et vous découvrirez des âmes harassées et abattues, des yeux emplis, pour la plupart, d'un las désespoir, alors que ceux des Balinais brillent d'un éclat serein.

Plus tard dans la soirée, nous prenons un café dans une petite échoppe du village tenue par un vieux Chinois qui vend de tout – aussi bien des jarretelles que des asperges en boîte.

En rentrant à l'hôtel, je remarque une jeune fille qui marche devant nous ; régulièrement, elle jette un œil par-dessus son épaule dans notre direction. Elle porte une petite veste de coton. On m'explique que dans le sud de Bali, seules les femmes des rues se couvrent la poitrine.

Le petit déjeuner nous est servi sur la véranda : nous dégustons, en pyjamas, de l'ananas et des mangoustans, au soleil du matin. Des colombes, qui produisent un vrombissement curieux, tournoient dans les airs. Un jeune garçon nous explique qu'il est d'usage de leur attacher un petit instrument à vent autour du cou pour qu'elles émettent de la musique une fois en vol. Les Balinais inventent toutes sortes de jeux étranges.

Aujourd'hui, nous déjeunons avec Walter Spies[3], jeune peintre et musicien russe qui habite Bali depuis cinq ans. Il mène une étude sur la musique locale. C'est un bel homme qui doit avoir entre vingt-huit et trente ans. Les Balinais l'adorent et le traitent comme un directeur de conscience. Il a rédigé un essai pertinent sur leurs arts et connaît bien leur mode de vie.

Après le déjeuner, il nous conduit dans un village isolé, encerclé par la jungle, pour assister à une cérémonie étrange, lors de laquelle des offrandes particulières seront présentées aux divinités du temple. Nous abandonnons nos automobiles au bout du chemin et marchons ensuite pendant une heure pour accéder au lieu des festivités.

Le prêtre, à la silhouette décharnée, est habillé d'une toge ; avec ses cheveux qui lui tombent sur les épaules, il ressemble à un derviche. Des jeunes femmes vêtues de magnifiques sarongs apparaissent les épaules nues : chacune à leur tour, elles déposent leurs dons devant l'autel avant de prendre place dans le vaste cercle que forme la foule. L'officiant prononce un grand nombre de formules magiques et les offrandes sont disposées sur un brancard afin d'être emportées en dehors du

3. Walter Spies (1895-1942), peintre allemand qui naquit à Moscou, où il passa son enfance et son adolescence. Ses tableaux ont contribué à faire connaître Bali au monde occidental. Il reçut de nombreux visiteurs, dont Colin McPhee, Vicki Baum…

village : là, les jeunes se ruent dessus et pillent tout ce qu'ils peuvent, tandis que le prêtre les frappe sans merci de son long fouet, ce afin d'éloigner les esprits maléfiques qui les habitent et qui sont à l'origine de leur pulsion malhonnête. La foule est plutôt indulgente et semble s'amuser du spectacle, alors que le religieux, déterminé, rosse les jeunes gens avec vigueur.

Nous dînons ce soir-là chez Walter Spies, qui habite un splendide bungalow au toit de chaume situé au bord d'un ravin surplombant une rivière tumultueuse. Il nous raconte de nombreuses histoires sur les Balinais, leur mysticisme, leur culture et leur raffinement.

Leurs goûts musicaux sont tranchés : ils restent de marbre quand on leur joue du Chopin, du Liszt et du Schubert au piano ; seul Bach éveille leur intérêt. Tout le reste est sentimental à leurs oreilles. Spies nous explique que, depuis cinq ans qu'il étudie leur musique, il est toujours incapable d'en maîtriser le tempo qui défie toutes les lois mathématiques. Les autochtones, eux, peuvent rejouer le même morceau plusieurs fois de façon identique, malgré sa complexité rythmique. Il a retranscrit quelques-unes de leurs mélodies les plus simples : il faut trois virtuoses sur un même piano pour les exécuter !

Les fantômes et les esprits sont aussi réels pour les Balinais que la radio l'est pour nous. Spies nous fait part d'une anecdote qui s'est déroulée avant une crémation, leur façon traditionnelle de disposer des morts. Le cadavre d'une femme avait été placé sur un catafalque, au milieu d'un champ. Elle avait demandé à être incinérée un jour précis, or la date avait été dépassée. Un soir, un homme fit irruption dans le village, tremblant de peur : il avait vu une boule de feu au-dessus du corps de la morte, expliqua-t-il. Accompagné de plusieurs villageois, Spies se précipita dans le champ : l'apparition était toujours là. Il en conclut que des indigènes devaient s'amuser à réfléchir un rai de lumière d'une façon ou d'une autre. Mais en se rapprochant, il fut convaincu d'être face à un phénomène surnaturel : une boule de lumière mouvante d'environ un mètre de diamètre flottait au-dessus de la dépouille, décrivit-il ; elle montait et descendait en spirale et, quand Spies et ses camarades tentaient de s'avancer vers elle, la sphère disparaissait pour réapparaître quand ils s'éloignaient ; elle finit par s'évanouir dans le corps.

Nos journées se déroulent ainsi : après le petit déjeuner, excursions en voiture dans diverses parties de l'île, retour avant le déjeuner, sieste dans l'après-midi. Et le soir, grâce à notre ami Spies, un spectacle clôt les réjouissances.

L'un de ces divertissements est prévu pour durer toute une nuit : il est organisé par un rajah qui vient de payer ses dettes au gouvernement et qui est ainsi libéré de la menace d'être jeté en prison. Une bonne raison de faire la fête! Les festivités se déroulent à la lisière de la forêt, en présence de centaines de personnes venues de toute l'île. Au programme: des feux d'artifice, un *barong*[4], une danse du kriss. Des mets délicats sont servis, dont le coût pourrait mettre notre hôte en danger une nouvelle fois. La foule prend place autour d'une arène ovale. La représentation commence par un concert de gamelan, se poursuit par des danses et s'achève par le *barong*. Ce dernier relate un épisode de l'histoire du roi javanais Erlangga, dont le règne est mis à mal par une sorcière malfaisante, qui est veuve; aidée par ses disciples, celle-ci répand le malheur sur le royaume prospère. C'est un homme qui joue le rôle de la sorcière: il porte un masque terrifiant, une chevelure ébouriffée et de longs ongles qui emplissent le public d'horreur et d'effroi. La pièce se termine sur la mort par le feu de la harpie, son pouvoir magique lui étant dérobé par le fils chevaleresque du prêtre de la cour.

Le rôle de la sorcière est dangereux: les acteurs sont en effet convaincus que son esprit maléfique les envahit quand ils incarnent son personnage.

Nous nous asseyons dans la lumière des feux d'artifice qui éclaire la jungle alentour, une vision étrange et théâtrale. À un moment de l'intrigue, la sorcière est

4. Le *barong* est une danse symbolisant l'affrontement entre le bien, le Barong, et le mal, Rangda, la sorcière veuve.

censée bondir hors du feu et courir vers l'avant-scène; ce soir-là, la peur du comédien est si intense qu'il perd son sang-froid et se précipite dans le public, avant de s'enfuir, hystérique, dans la forêt en hurlant. Nous le suivons tous en courant dans l'obscurité. Soudain, un cri retentit: les autochtones, tremblants et effrayés, font immédiatement demi-tour. Le prêtre vient de sauver l'acteur qui s'est évanoui et le ramène vers l'arène. On lui enlève son masque et on l'asperge d'eau bénite; il lui faut près de dix minutes pour recouvrer ses esprits. Un rituel sacrificiel est alors organisé en l'honneur du masque: on tue un cochon dont le sang est mélangé à diverses feuilles, le prêtre récite des prières. Le masque est ensuite placé dans une boîte et emporté. Fin de la célébration.

Je fais plusieurs films des cérémonies balinaises. Walter Spies m'organise pour l'occasion une danse sophistiquée qui réunit un orchestre de trente musiciens et une troupe de trente comédiens et danseurs. À la fin de la représentation, je demande à mon ami combien je dois les payer.

–Cinq ou dix dollars suffiront largement, me répond-il.

Je propose vingt-cinq dollars, mais il proteste, affirmant que cela leur donnerait de mauvaises habitudes. J'insiste cependant.

En prenant l'argent, le chef semble perplexe et murmure quelque chose à Spies. Il a l'air mécontent, alors que nous lui avons donné deux billets de dix et un de cinq, somme trop généreuse selon Spies.

–Si tu lui donnais vingt-cinq billets de un dollar, il comprendrait mieux.

Je m'exécute, à la grande satisfaction du chef.

Un soir, Spies et moi nous promenons dans un village où un homme à l'allure juvénile enseigne la danse à un petit garçon. Nous sommes cordialement invités à assister à la leçon. C'est ensuite une femme ressemblant à une Amazone qui s'occupe de l'enfant : elle danse magnifiquement et le garçonnet tente de l'imiter.

Alors que nous buvons du lait de coco à la santé de notre hôte assis à la lumière d'une lampe à huile, ce dernier nous annonce que la femme est sa belle-fille. Surpris, nous lui demandons quel âge il a.

–Le tremblement de terre, c'était quand ? s'enquiert-il.

–Il y a douze ans, répond Spies.

–Et bien, quand c'est arrivé, j'avais déjà trois enfants en âge de se marier.

Visiblement peu satisfait de son sens de la précision, il se reprend :

–Je suis vieux d'environ deux mille dollars.

Pour dissiper l'ambiguïté de son propos, il nous explique qu'il a dépensé deux mille dollars durant toute sa vie et qu'on peut donc faire le calcul par nous-mêmes.

Pendant mon séjour, je suis étonné de découvrir au gré des villages que je visite de nombreuses automobiles en train de rouiller dans les arrière-cours – il s'agit la plupart du temps de modèles récents. Certaines sont régulièrement lustrées, ont des rideaux de dentelle à leurs fenêtres et paraissent habitées. L'explication est intéressante : après avoir dépensé l'intégralité de leurs économies pour effectuer un tel achat, les propriétaires de ces voitures, qui s'en servent avec bonheur au début, finissent par découvrir, avec perplexité, que le coût du gasoil nécessaire pour les faire rouler est aussi important que ce qu'ils gagnent en un mois. Ils les abandonnent donc dans leur jardin.

J'ai passé dix-huit jours à Bali et chaque instant a été passionnant. Pour regagner Singapour, nous prenons l'avion à Surabaya et survolons Java jusqu'à Batavia, une distance de près de mille kilomètres.

Le bateau pour le Japon lèvera l'ancre dans quelques jours ; en attendant, nous nous immergeons dans la vie de Singapour.

Tout semble fade après un séjour à Bali. Néanmoins, la Cité des Lions a un certain charme. Chaque soir, nous nous promenons en rickshaw dans les quartiers typiques. De temps à autre, nous nous rendons au New World, le Coney Island local, où tous les spectacles imaginables sont donnés, de l'opéra malais au combat de boxe.

À plusieurs reprises, nous optons pour le théâtre chinois. Avec mon frère, nous tentons de déchiffrer les symboles utilisés par les acteurs pendant les représentations. Un soir, il s'agit d'un bout de bois décoré à l'une des extrémités et en son centre par un toupet de laine, que le comédien secoue majestueusement. Je devine juste : c'est un cheval.

Avec ses cerisiers en fleurs, ses chrysanthèmes et son peuple en kimono de soie vivant entouré de porcelaines et de laques, le Japon, terre d'adoption de Lafcadio Hearn, a toujours stimulé mon imagination. J'ai souvent pensé à l'intensité de la nostalgie ressentie par ces Japonais qui vivent dans nos villes occidentales froides et humides, vêtus de nos mornes accoutrements. Pourtant, notre mode de vie a aujourd'hui envahi l'Orient.

Nous débarquons à Kobe, où trois mille personnes nous attendent sur le quai, tandis que des avions passent au-dessus de nos têtes pour lâcher des tracts de bienvenue.

Pendant mon séjour, je suis l'invité du gouvernement. À chaque halte de notre voyage vers Tokyo, nous sommes accueillis par des attroupements enthousiastes, des geishas sont alignées sur les quais et je suis couvert de cadeaux en tous genres. Les Japonais sont généreux et hospitaliers.

Une fois à Tokyo, la foule est si dense que quatre cents policiers ne parviennent pas à l'empêcher d'envahir la gare. Nous réussissons enfin à nous mettre en route pour l'hôtel. En chemin, nous nous arrêtons au palais impérial et nous livrons à la coutume japonaise : faire une halte devant l'entrée pour présenter nos respects. Une fois à l'hôtel, après les éternels préliminaires avec la presse, je monte directement me coucher, épuisé mais heureux.

C'est excitant de se réveiller dans un pays étranger et de prendre conscience que l'aventure vous tend les bras. Mon frère me prévient :

– Il y a une tonne de cadeaux qui sont arrivés, les lettres affluent, j'ai donc engagé une secrétaire japonaise pour s'occuper de tout cela. La police a nommé par ailleurs un détective qui veillera sur nous pendant notre séjour.

Voici le programme du jour : combat de sumo cet après-midi puis soirée au Kabuki-za[5]. Demain soir, nous dînons avec M. Tsuyoshi Inukai, le Premier ministre du

5. Le Kabuki-za est le plus célèbre théâtre de kabuki de Tokyo. Il fut inauguré en 1889.

Japon. Du reste, c'est son fils, M. Ken Inukai, qui nous a envoyé les billets pour le spectacle de lutte japonaise.

Le sumo n'a rien à voir avec le ju-jitsu, ni avec aucune autre forme de sport de combat – c'est le plus ancien de tous au Japon. Les matchs sont divertissants et plutôt comiques quand on ne connaît pas les règles. L'impression qui s'en dégage est envoûtante et fascinante.

Alors que nous nous apprêtons à quitter le stade, un messager se précipite dans notre loge pour nous apprendre la terrible nouvelle : le Premier ministre vient d'être assassiné chez lui. C'est un choc terrible pour tous, une douche froide pour la nation entière.

Le fils du Premier ministre nous confiera plus tard que nous lui avons en quelque sorte sauvé la vie : il était en train d'acheter les billets qu'il nous a offerts quand la tragédie a eu lieu. S'il s'était trouvé chez lui à cet instant, il aurait été exécuté en même temps que son père.

Le déroulement de la tragédie est parfaitement établi : les assassins, déguisés en marins, ont tué plusieurs gardes avant de pénétrer dans le salon du Premier ministre où ils ont pointé leurs armes sur le vieil homme et sa famille ; ce dernier leur a alors demandé de bien vouloir épargner à sa femme et à ses enfants le spectacle de son assassinat, si là était leur intention, et leur a proposé de les conduire dans une autre pièce ; le courage héroïque du Premier ministre est digne de son rang ; aucun mot n'a franchi les lèvres des meurtriers tout le temps qu'ils ont traversé le long couloir, menés par le vénérable homme d'État ; une fois dans la petite pièce, il les a priés de bien vouloir lui énumérer leurs griefs ; toujours sans un mot, les criminels ont ouvert le feu sur leur victime sans défense et s'en sont allés.

Il y a quelques années, une troupe de comédiens japonais se produisit à Los Angeles dans la plus grande discrétion. Si l'un de mes employés nippons n'avait pas attiré, incidemment, mon attention sur leur venue, je n'en aurais rien su. Je n'entrerai pas dans le détail du spectacle auquel j'assistai alors, mais je peux dire que je fus littéralement captivé par ce que je découvris dans ce petit théâtre situé au-dessus de magasins. Le chant, dissonant à mes oreilles novices, révéla peu à peu son sens et sa beauté. Telle la complainte d'un poète affligé au crépuscule, il était accompagné par le pincement ironique des cordes métalliques d'un instrument qui semblait ainsi répondre aux lamentations avec une sagesse résolue. La danse, elle, était comme la capture de motifs, l'expression du charme des lignes, le point de rencontre de la vie et de la sculpture, un dialogue, en somme, entre Pygmalion et Galatée. Je fus par ailleurs impressionné par la magnifique maîtrise du jeu des acteurs et par leur technique subtile. C'est à l'issue de cette représentation que je décidai d'aller un jour au Japon.

Par chance, la saison du kabuki bat son plein lorsque nous arrivons à Tokyo. Nous prenons donc des billets pour tous les spectacles.

Le théâtre Kabuki-za a une jauge de deux mille places environ. Ici, le rideau ne se lève pas mais se tire au son d'un cliquetis de bois qui annonce que cela va commencer. Il arrive aux comédiens d'entrer en scène et d'en sortir par une rampe qui se déploie au milieu de la salle jusqu'à l'arrière du théâtre. Une scène tournante permet de rapides changements de décor. Tous ces dispositifs sont utilisés depuis des siècles.

Les représentations débutent à trois heures de l'après-midi pour se terminer à onze heures du soir. Le programme est généralement très riche : une longue pièce en six actes, interrompue en son milieu par un drame musical en un acte, dont l'histoire est racontée par les danseurs. Les rôles de femmes sont interprétés par des acteurs masculins, qui traduisent sans outrage les subtilités et les nuances du genre féminin. Le public accueille le comédien qui fait sa première entrée sur scène en criant son nom avec ferveur – moment des plus émouvants – et non pas en l'applaudissant.

La vision qu'un touriste – surtout quand il s'agit d'une personnalité connue – a du pays qu'il visite est souvent erronée : ce dernier entrevoit les choses à travers le prisme de l'excitation. Et pourtant, la première question que la presse ne manque pas de lui poser à son arrivée est :

– Que pensez-vous de notre pays ?

Bien entendu, les impressions extérieures sont intimement liées à l'âme des choses.

Si vous me demandiez au pied levé ce que je pense du Japon, je vous répondrais que c'est une nation faite d'incohérences. Pour exemple cet homme en kimono qui porte un chapeau melon, ou l'abandon de l'industrie de la soie, détrônée par l'adoption des codes vestimentaires occidentaux.

L'art n'est pas épargné. L'ancienne école, représentée par des maîtres tels que Harunobu, Hokusai, Utamaro, Hiroshige, est aujourd'hui négligée, supplantée par les œuvres – ni japonaises, ni européennes – peintes par de véritables hommes d'affaires.

La soirée organisée par M. Otani, le président de la société de production Shochiku Cinema, est des plus plaisantes. À notre arrivée, nous ôtons nos bottes pour enfiler des chaussons de feutre. Je suis d'abord présenté à la famille du maître de maison, puis aux comédiens, aux techniciens et à quelques geishas. Chacun des plats du dîner est servi dans une pièce différente de la demeure. Place ensuite au divertissement !

Autre moment marquant : la cérémonie du thé chez Mme Horikoshi, qui finance une école dans laquelle elle enseigne cet art subtil aux filles de ses amis. Ce rituel est plus que tout l'incarnation du caractère et de l'âme du Japon – pas forcément celui d'aujourd'hui, mais celui d'hier indubitablement. Il illustre la philosophie de vie qui règne ici, où il s'agit d'embellir le simple fait de préparer du thé pour satisfaire les sens, où un geste quotidien permet d'exprimer un art de vivre.

Selon ce que nous racontent les samouraïs présents, cette tradition remonte à plusieurs siècles et avait la vertu d'apaiser les guerriers après la bataille. Ils observent en silence la maîtresse des lieux préparer leur thé vert avec modestie et grâce : chacun des mouvements de l'officiante est destiné à créer une atmosphère de tranquillité ; elle ne fait aucun bruit, ni geste inutile. Le liquide couleur de jade rafraîchit alors l'âme troublée, dans la sainteté d'un moment de paix.

Cette cérémonie peut paraître désuète et futile au monde occidental terre à terre. Et pourtant, si nous considérons que la quête du beau est le but le plus élevé de nos vies, quoi de plus rationnel que d'appliquer ce principe au banal ?

Ma route s'arrête ici : je rentre bientôt à Hollywood. Ces vacances me laissent une impression exceptionnelle. L'Europe et les différents pays que j'ai visités, tous en proie à l'agitation, sont en train d'élaborer une nouvelle ère religieuse, sociologique et économique, sans précédent aucun dans l'histoire du monde. Tout cela m'anime d'un désir d'accomplissement d'un nouveau type, peut-être même dans un autre champ que le cinéma.

Enfin Seattle ! La presse m'attend. Tout le monde est chaleureux et amical. Il s'est passé quelque chose en Amérique pendant mon absence, c'est certain. L'esprit juvénile que la prospérité et le succès avaient engendré semble avoir été balayé par la maturité et la sobriété.

En chemin vers Hollywood, je traverse les terres fertiles de l'État de Washington, les pinèdes de l'Oregon, les vignes et les vergers de Californie : il est inconcevable de penser que dix millions de personnes sont dans la misère au milieu de tant de richesse.

Je suis néanmoins heureux d'être de retour aux États-Unis, je suis content de rentrer chez moi, à Hollywood. J'ai le sentiment que le monde place son espoir dans l'Amérique. Car quoiqu'il advienne en cette période de transition, celle-ci saura relever le défi.

CHEZ LE MÊME ÉDITEUR

FREDERICK TREVES

elephant man

TRADUCTION ET POSTFACE
D'ANNE-SYLVIE HOMASSEL

En 1884, le chirurgien Frederick Treves (1853-1923) rencontre John Merrick, dont le corps difforme est exhibé sans ménagement par un forain qui le présente comme l'Homme-Éléphant. Deux ans plus tard, le médecin parvient à extirper Merrick de sa misérable condition de bête de foire et lui offre enfin la vie de dignité à laquelle le jeune homme a toujours aspiré. **Cette histoire vraie fut à l'origine du célèbre film *Elephant Man* de David Lynch.**

Extrêmement brève mais pleine d'un mystère sur ce qui fait l'homme, la biographie de Treves ne pouvait qu'inspirer les cinéastes et metteurs en scène, fascinés par l'étrange beauté d'un portrait affreux, à laquelle les spectateurs ne sauraient rester insensibles. D'émotions il est ainsi souvent question dans le récit.

www.aquariumvert.com

Le film éponyme de David Lynch est si célèbre qu'on ne peut bien sûr aborder le récit authentique de Treves qu'en comparant et retranchant, décalant et superposant. On peut donc le lire pour saisir le travail d'adaptation cinématographique auquel s'est livré le réalisateur. Chercher Lynch en creux, dans les ombres portées du récit pas si clinique que ça établi par Treves. Voir l'image sous la rumeur liquide des mots, comme une pierre qui prend forme et consistance quand les eaux se figent un instant.

CLARO, *Le Clavier cannibale*

CHEZ LE MÊME ÉDITEUR

GEORGES MÉLIÈS

la vie et l'œuvre d'un pionnier du cinéma

ÉDITION ÉTABLIE ET PRÉSENTÉE
PAR JEAN-PIERRE SIROIS-TRAHAN

Méliès (1861-1938), sorcier de Montreuil-sous-Bois, Jules Verne du cinéma, magicien de l'écran, créateur du spectacle cinématographique… Et si l'on avait négligé le Méliès homme de lettres ? Car il fut aussi écrivain de cinéma et l'un des premiers à saisir sa plume pour expliquer son travail, penser son art en essayiste, polémiquer dans la presse, raconter ses souvenirs. *La Vie et l'Œuvre d'un pionnier du cinéma* est l'un de ses derniers textes, écrit à la troisième personne du singulier avec une passion intacte. Il y revient sur sa vie de labeur, faite d'inventions saisissantes et de triomphes éclatants, mais aussi de revirements et de tragédies intimes.

Voici un bonheur de cinéphile, la publication de *La Vie et l'œuvre d'un pionnier du cinéma* (Éditions du Sonneur) : un ouvrage bref qui tient dans une poche consacré à l'un des textes de Georges Méliès, édition établie et préfacée par un certain Jean-Pierre Sirois-Trahan. Il inventa les effets spéciaux, les prises de vue à la lumière électrique, lia invention esthétique et progrès techniques… […] Pour compléter la lecture de ce petit ouvrage vivace, on ne saurait trop conseiller de voir ou revoir les films de Méliès, mais aussi le splendide *Hugo Cabret* de Scorsese.

SERGE KAGANSKI, *Les Inrockuptibles*

Achevé d'imprimer en septembre 2014,
sur les presses de l'imprimerie La Source d'Or,
63039 Clermont-Ferrand, France.
Imprimeur n° 17221.

Cet ouvrage est imprimé, pour l'intérieur, sur papier bouffant Munken
Print White 80 g certifié PEFC sous le n° 10/31-2008.